▼ 幼儿园区域活动材料丛书

广东省教育教学成果（基础教育类）一等奖
"幼儿个别化学习的'支架式'课程体系的研究与建设"成果之一

幼儿园社会区
材料设计与评价

王微丽　霍力岩　主编

中国轻工业出版社

图书在版编目(CIP)数据

幼儿园社会区材料设计与评价/王微丽，霍力岩主编. —北京：中国轻工业出版社，2019.3（2023.8重印）
（幼儿园区域活动材料丛书）
ISBN 978-7-5184-2103-9

Ⅰ.①幼…　Ⅱ.①王…②霍…　Ⅲ.①活动课程－学前教育－教学参考资料　Ⅳ.①G613.7

中国版本图书馆CIP数据核字（2018）第212138号

保留所有权利。非经中国轻工业出版社"万千教育"书面授权，任何人不得以任何方式（包括但不限于电子、机械、手工或其他尚未被发明或应用的技术手段）复印、拍照、扫描、录音、朗读、存储、发表本书中任何部分或本书全部内容（包括但不限于光盘、音频、视频等）。中国轻工业出版社"万千教育"未授权任何机构提供源自本书内容的电子文件阅览、收听或下载服务。如有此类非法行为，查实必究。

责任编辑：吴　红
策划编辑：吴　红　　　　　责任终审：杜文勇
责任校对：刘志颖　　　　　责任监印：吴维斌

出版发行：中国轻工业出版社（北京东长安街6号，邮编：100740）
印　　刷：三河市双升印务有限公司
经　　销：各地新华书店
版　　次：2023年8月第1版第4次印刷
开　　本：710×1000　1/16　印张：16
字　　数：125千字
印　　数：8501—11500
书　　号：ISBN 978-7-5184-2103-9　定价：60.00元
读者热线：010-65181109，65262933
发行电话：010-85119832　传真：010-85113293
网　　址：http://www.chlip.com.cn　http://www.wqedu.com
电子信箱：1012305542@qq.com
如发现图书残缺请拨打读者热线联系调换
171236Y1X101ZBW

本书编者

主　编：王微丽　霍力岩
副主编：刘　隼　何红漫　范　莉
编　者：刘　隼　何红漫　邓丽霞　陈丹妮　饶映灵
　　　　聂晓慧　秦小萍　姜　岩　胡　敏　卓瑞燕
　　　　张艳茹　高　虹　曾立群　吴卫红　叶际明
　　　　骆颖婕　郑宇妍　戴文婷　姜媛远　李佳颖

丛书序一

《幼儿园区域活动——环境创设与活动设计方法》一书出版以来，引起了幼教同行的积极反响。从全国各地来到深圳市莲花二村幼儿园参访的老师和一些读过这本书的老师常常会跟我说："如果能系统地把你们区域活动的这些材料整理出来就好了！"实际上，多年来我们坚持不批量生产区域材料，就是希望每一份材料都有其独特性，无形中要求每位教师去发现孩子、理解孩子，让每份亲手制作的材料都蕴含教师对儿童的专业解读与引导，更好地支架儿童的适宜性发展。

近几年，我们力求用图文并茂的方式，直观地将孩子们很喜欢摆弄且富有教育内涵的"一份一份的材料"，这些凝聚了老师们的教育智慧与辛勤劳动的儿童个别化学习材料，完整地记录并展示出来。这对于分享我们的课程研究成果，助力一线教师的专业发展，是一件很有意义的事情。

如今，展现在您面前的这套《幼儿园区域活动材料丛书》，汇总了我们幼儿园经过十多年探索、实践和打磨的经典区域活动材料。对于每一份材料的组成部分、设计原理、使用方法和教育价值，我们都如数家珍，一一奉上。我们希望这套丛书，除了作为范例，还能引发教师们对这种"支架儿童的个别化、主动学习"的区域材料的研发与拓展兴趣，从中更加明白如何提供给儿童最适宜的学习操作材料。欣喜之余，仿诗一首，聊表感恩——

新千年的钟声，敲响了课程起航的号角；
恰好那年，四名亲爱的老师，在炎热的盛夏，赴京学习蒙氏奥妙。

精巧深邃的智慧，点化消融成一份份的材料，
启迪我们，发现孩子童年秘密的通道——
要用智慧与爱，拨亮生命自信的光芒；
要让吸收性的心灵，拥抱爱与自由，绽放微笑。

追随着蒙氏的脚步，接触到世界的前沿；
扎根在深圳的土壤，我们敢为人先。
从蒙台梭利，到多元智能；
从《纲要》《指南》，到文化传承。
个别化学习，环境化教育；
丰富性、吸引性、层次性、引导性；
——这都是我们的理念。
打开这套凝聚理论智慧、实践经验的丛书，
一抹慧智，一捧童心，皆在玉壶。
但愿给你，有益的借鉴。

来自偶然，像一粒微小的尘土，
情归何处，用感恩浇灌漫漫长路。
感谢深圳市投资控股有限公司幼教管理中心的领导，为我们鸣锣开路、挡风遮雨；
感谢北京师范大学的霍力岩教授和您的学术团队，有您的指引，我们不至于迷失；
感谢香港大学的李辉教授，陕西师范大学的赵琳、刘华教授，时常前来指点迷津；
感谢我们莲花二村幼儿园所有的教职工，有你们的付出和智慧，才有今日的芬芳；
感谢一起走过的莲子宝贝和家长们，你们的喜爱和成长，是我们源源不

断的动力。

  感恩的心,感谢有你;

  花开花落,永远珍惜。

深圳市莲花二村幼儿园园长

王微丽

2017年9月

丛书序二

在我国，自20世纪80年代的幼儿园课程改革以来，区域活动成为幼儿园课程的主要组成部分。学前教育工作者从理论、模式、策略、材料等多个方面，对如何有效地开展区域活动，从而支持儿童的主动学习和全面发展进行了广泛与深入的探索。这些探索实际上受到了我国改革开放、社会变革、文化引入与融合等复杂而深刻的影响，其中最引人瞩目的，不外对世界范围内先进课程模式的模仿与借鉴。幼儿园区域活动作为一种"舶来品"，从文化历史学的分析来看，正是欧美文化对中国学前教育课程实践的形塑。最初涌入的这些区域活动类型主要包括蒙台梭利教学法中的个别化区域学习及操作、高宽课程中的室内学习区，以及方案教学中的个别或小组操作、实验等。在引入及学习这些课程模式的背后，进步主义、人本主义、认知建构主义、社会建构主义等欧美主导的心理学和教育学理论开始涌入我国教育界，尊重儿童的权利、强调儿童主体性的发挥，成为许多幼教界人士的共识。由观念转变深化到实践变革，幼儿园区域活动逐渐成为促进儿童主动学习和个别化学习，弥补传统集体教学活动不足的重要课程形式。

然而，从我国改革开放至今，学前教育界对区域活动的开展一直存在不同见解。在教学实践中，对于区域活动的环境布置、材料投放、开展过程以及支持策略，"仁者见仁，智者见智"。比如说，区域活动所提供的材料常常被划分为高结构、低结构、无结构（自由）等不同类型，而区域活动的开展过程也会有独立开展、两人合作、多人参与等不同形式。由于国家层面缺乏对幼儿园课程的明确指引，加上园本课程的"百花齐放"，渐渐地，区域活动的开展开始各自为政，没有标杆，区域活动的开展质量也存在良莠不齐的现象。如何有效地开展幼儿园区域活动，包括区域材料的设计与制作、区域环境的布置、对幼儿学习的支持、区域活动的评价，等等，成为一直萦绕在幼儿园一线教师（尤其是新手教师）心头的疑团。

实际上，幼儿园区域活动的开展，关键要素有四个：环境、材料、儿童和教师。实现良好的区域环境布置和材料投放，是区域活动中儿童主动学习及教师有效引导的前提。以苏联心理学家维果茨基为主要提出者的社会文化历史理论认为，环境与材料是实现教学主体（教师）与客体（儿童）之间有效关联的中介，是促进儿童实现有效学习的工具与内容。可以说，区域活动材料是开展幼儿园区域活动的突破口。但是，据我们观察，目前我国的很多幼儿园教师并不了解有效区域学习材料的制作与投放，更不清楚如何在区域活动中支持和评价幼儿的学习。幼儿园区域活动开展时的要素关联很难得到有效的建立，幼儿的主动学习和有效学习也得不到保障，关键经验得不到提升。

2000年，深圳市莲花二村幼儿园开始借鉴蒙台梭利教育法，既遵照蒙氏材料的丰富性、吸引性、层次性、引导性等关键原则，又根据中国儿童的发展特点和需要，立足于深圳市乃至中国的社会文化土壤，开发出了体系化的、丰富的、适合中国幼儿的区域活动材料。在长达17年的反复实践中，该幼儿园的教师团队不断学习新的课程理论与方法（包括高宽课程、多元智能理论等），对其园本区域活动进行了持续的优化。2014年，由该幼儿园的教师编写的《幼儿园区域活动——环境创设与活动设计方法》正式出版，对幼儿园区域活动的开展经验进行了全面的总结，从区域环境的创设、区域材料的投放、区域活动的组织、区域活动的评价等多个方面为幼儿园一线教师提供了一本理论扎实、操作性强的参考书。

在这本书的基础上，该幼儿园的教师团队为了进一步分享区域活动开展的经验，以幼儿园区域材料的设计与评价为侧重点编写了《幼儿园区域活动材料丛书》，对应《幼儿园教育指导纲要（试行）》（以下简称《纲要》）和《3—6岁儿童学习与发展指南》（以下简称《指南》）的要求，从数学区、语

言区、科学区、社会区、艺术区、生活区等领域，完整地呈现了他们对幼儿园区域材料的研究与实践成果。该丛书既详细地阐述了关于区域活动的理论与方法，又通过大量真实的区域活动案例生动地介绍了不同区域的材料设计与评价，这对于广大幼儿园教师开展区域活动具有非常高的借鉴价值和很重要的指导作用。通过阅读这套丛书，我们能够更清楚地了解到，幼儿园教师应该如何设计、制作和投放区域材料，应该如何基于区域活动支持和引导幼儿的个别化学习、主动学习与探索，应该如何观察和评价区域活动中的幼儿。

北京师范大学教育学部学前教育研究所教授

霍力岩

2017 年 10 月

丛书序一 ·· i

丛书序二 ·· v

第一章 解读社会区 / 1

第一节 社会区概述 ··· 3
一、社会区基本概念 ·· 3
二、社会区教育功能 ·· 4
三、关键经验及思维导图 ··· 10

第二节 社会区环境 ··· 12
一、社会区环境的特点 ·· 13
二、社会区物品的摆放 ·· 17
三、社会区中的标识 ··· 22

第三节 社会区材料 ··· 24
一、社会区材料特点 ··· 25
二、社会区材料投放 ··· 30
三、社会区材料预览 ··· 34

第二章 社会区材料案例 / 37

第一节 小班社会区 ·· 39
一、小班社会区设计思路 ·· 39
二、小班社会区活动导航 ·· 39
三、小班社会区材料案例 ·· 40

第二节 中班社会区 ·· 65
一、中班社会区设计思路 ·· 65
二、中班社会区活动导航 ·· 66
三、中班社会区材料案例 ·· 66

第三节 大班社会区 ·· 118
一、大班社会区设计思路 ·· 118
二、大班社会区活动导航 ·· 119
三、大班社会区材料案例 ·· 120

第三章 教师对幼儿的支持 / 183

第一节 单次活动中教师的支持 ··· 185
一、小班案例分析 ·· 185
二、中班案例分析 ·· 189
三、大班案例分析 ·· 192

第二节 社会区学习故事 ·· 195
一、教师记录方法 ·· 196
二、教师记录案例 ·· 200

第四章 社会区活动评价 / 207

第一节　社会区材料评价方式 ··· 209
　　一、社会区材料的评价内容 ······································ 209
　　二、社会区材料评价表实例 ······································ 217
第二节　社会区幼儿活动评析方法 ····································· 223
　　一、社会区幼儿活动评析方法 ···································· 223
　　二、基于小、中、大班幼儿评价内容的分析 ···················· 230

参考文献 ··· 233

后记 ··· 235

第一章
解读社会区

纵观国内外学前教育，尊重幼儿发展的需要、尊重幼儿的个体差异，是当前学前教育人的共识，而深圳市莲花二村幼儿园经过十几年的探索与研究，研发出来的独具特色的区域课程模式，则是对这一共识的具体落实。莲花课程中的区域活动充分尊重了幼儿个体对学习内容、学习方式、学习节奏的选择，让幼儿通过自主操作、独立思考、合作分享养成了优秀的学习品质。我们在《幼儿园区域活动——环境创设与活动设计方法》（中国轻工业出版社，2014年出版）一书中，对区域活动在中国的本土化与园本化变革都有详尽的阐述，从理论到实践层面都有所介绍。

幼儿阶段是人的社会性发展的关键期，蒙台梭利认为，真正的社会生活应该是：在一个互动的团体中，幼儿能够有机会去解决生活中的问题，举止得体。培养幼儿良好的社会行为与社会情绪，能够为健康的个性形成以及与社会及周围环境建立和谐的关系奠定基础，对幼儿终生的学习与发展具有非常重要的意义。社会区正是为了满足幼儿的基本发展需求、实现以上教育目标而创设的区域。

本章节将从社会区概述、社会区环境以及社会区材料三方面为读者呈现各种理论背景及实践，为一线教师的区域活动教学提供有力支持。

第一节　社会区概述

社会教育是幼儿园教育的一个重要领域。幼儿园社会教育指以发展幼儿的社会性为目标，以增进幼儿的社会认知、激发幼儿的社会情感、培养幼儿的社会行为为主要内容的教育，其核心是做人教育。

一、社会区基本概念

幼儿园的社会区以发展幼儿的人际交往能力和社会适应能力为主要目的，教师为幼儿提供情境化的社会活动，幼儿通过模仿、再现、创造，去参与和体验各种社会活动。社会区的活动既是幼儿社会学习的主要内容，也是培养幼儿社会性与个性发展的基本途径。[①]

幼儿社会性教育就是在幼儿的日常生活中，通过各种有意识的活动，发展幼儿的社会认知、社会情感和社会行为技能，促进幼儿的社会性发展。本书中所指的社会区活动则是依据《纲要》中提出的社会领域目标，根据班级幼儿现阶段发展水平，教师有目的地创设情景性环境，设计、开发出一系列能够支架幼儿个别化学习、适宜幼儿社会性发展的可操作材料，幼儿通过与材料的互动，能够在社会认知、社会情感、社会能力等方面得到提高。

幼儿社会性发展是幼儿在自主参与、体验和感受各种社会交往活动中，通过有意的行为与自我强化的过程获得的。这种自主参与的活动，不同于成人的说教。《纲要》社会领域中指导要点第 1 条明确指出："社会领域的教育具有潜移默化的特点。幼儿社会态度和社会情感的培养尤应渗透在多种活动和

---

① 王微丽. 幼儿园区域活动——环境创设与活动设计方法[M]. 北京：中国轻工业出版社，2014.

一日生活的各个环节之中，要创设一个能使幼儿感受到接纳、关爱和支持的良好环境，避免单一呆板的言语说教。"幼儿在社会性的活动中，学习怎样与人相处、怎样看待自己与评价他人，通过自己的亲身体会，逐步认知周围的社会环境，内化自身社会行为，从而懂得并遵守日常生活中的基本社会行为准则，提高适应社会生活的能力。

二、社会区教育功能

社会领域教育是以发展幼儿的情感和社会性为目标，由社会认知、社会情感及社会行为技能三方面构成。社会领域的教育内容涉及很广，包含社会学、伦理学、地理学、经济学、文化学、心理学、历史学等方方面面的知识，而在幼儿园的社会区，教师将以上学科中最粗浅、最基本的知识分解成一个个具体的教学目标，并根据目标开发出一份份幼儿可操作的材料投放到社会区域中，每一份材料都与幼儿的现实生活经验相结合，充满了童趣与浓郁的生活气息，充分体现出社会生活与幼儿的社会性发展有着不可分割的关系。社会区的主要教育功能体现在以下两个方面。

（一）促进幼儿发展

因幼儿现有的生活经验、学习能力有限，各方面的能力正处于飞速发展的过程中，教师考虑到幼儿的能力差异，所安排的社会区教育内容都是在幼儿原有经验的基础上适当扩展。教师提供一个开放的社会区环境，幼儿在与各种材料进行互动的过程中，丰富自己的社会认知、社会情感、社会行为三方面的经验，从而有效地促进社会性发展。

（1）提供便于幼儿沟通和交流的环境，促进幼儿人际交往与社会适应能力的发展。

（2）提供幼儿感兴趣的材料，使幼儿通过有组织的学习和自由探索，积累相关的社会经验，不断发展适应社会生活的能力。

（3）提供自由操作与合作探究的机会，满足幼儿的个体需要和与同伴交往的需求，使幼儿在与同伴的合作游戏中开阔眼界，提高社会交往能力。

（二）落实《纲要》和《指南》的精神

在幼儿园设置社会区，可以将《纲要》和《指南》中提出的社会区域目标及要求转化为具体的区域活动实施方案，在探索社会区域本土化行动中全面落实《纲要》与《指南》的精神，并完成社会区域活动各方面的中国化与本土化（表 1-1）。

表 1-1 《纲要》《指南》和我园在社会教育方面的目标对照表

《纲要》中的目标	《指南》中的目标	我园的目标
（一）目标 1. 能主动地参与各项活动，有自信心。 2. 乐意与人交往，学习互助、合作和分享，有同情心。 3. 理解并遵守日常生活中基本的社会行为规则。 4. 能努力做好力所能及的事，不怕困难，有初步的责任感。 5. 爱父母长辈、老师和同伴，爱集体、爱家乡、爱祖国。 （二）内容与要求 1. 引导幼儿参加各种集体活动，体验与教师、同伴等共同生活的乐趣，帮助他们正确认识自己和他人，养成对他人、社会亲近、合作的态度，学习初步的人际交	（一）人际交往 **目标1　愿意与人交往** 3—4岁 1. 愿意和小朋友一起游戏。 2. 愿意与熟悉的长辈一起活动。 4—5岁 1. 喜欢和小朋友一起游戏，有经常一起玩的小伙伴。 2. 喜欢和长辈交谈，有事愿意告诉长辈。 5—6岁 1. 有自己的好朋友，也喜欢结交新朋友。 2. 有问题愿意向别人请教。 3. 有高兴的或有趣的事愿意与大家分享。 **目标2　能与同伴友好相处** 3—4岁 1. 想加入同伴的游戏时，能友好地提出请求。 2. 在成人指导下，不争抢、不独霸玩具。	一、区域总目标 1. 喜欢并适应群体生活。 2. 遵守基本的行为规范。 3. 具有初步的归属感。 二、各年龄段目标 3—4岁 1. 对幼儿园的生活好奇，喜欢上幼儿园。 2. 懂得并遵守一日生活中的各项规则。 3. 知道自己的家庭成员及其与自己的关系，体会到自己是家庭的一员。 4. 奏国歌、升国旗时能自动站好。 4—5岁 1. 愿意与家长一起参加社区的一些群体活动。 2. 关心社区生活，养成良好的生活和学习习惯。

续表

《纲要》中的目标	《指南》中的目标	我园的目标
往技能。 2. 为每个幼儿提供表现自己长处和获得成功的机会，增强其自尊心和自信心。 3. 提供自由活动的机会，支持幼儿自主地选择、计划活动，鼓励他们通过多方面的努力解决问题，不轻易放弃克服困难的尝试。 4. 在共同的生活和活动中，以多种方式引导幼儿认识、体验并理解基本的社会行为规则，学习自律和尊重他人。 5. 教育幼儿爱护玩具和其他物品，爱护公物和公共环境。 6. 与家庭、社区合作，引导幼儿了解自己的亲人以及与自己生活有关的各行各业人们的劳动，培养其对劳动者的热爱和对劳动成果的尊重。 7. 充分利用社会资源，引导幼儿实际感受祖国文化的丰富与优秀，感受家乡的变化和发展，激发幼儿爱家乡、爱祖国的情感。	3. 与同伴发生冲突时，能听从成人的劝解。 4—5岁 1. 会运用介绍自己、交换玩具等简单技巧加入同伴游戏。 2. 对大家都喜欢的东西能轮流、分享。 3. 与同伴发生冲突时，能在他人帮助下和平解决。 4. 活动时愿意接受同伴的意见和建议。 5. 不欺负弱小。 5—6岁 1. 能想办法吸引同伴和自己一起游戏。 2. 活动时能与同伴分工合作，遇到困难能一起克服。 3. 与同伴发生冲突时能自己协商解决。 4. 知道别人的想法有时和自己不一样，能倾听和接受别人的意见，不能接受时会说明理由。 5. 不欺负别人，也不允许别人欺负自己。 **目标3　具有自尊、自信、自主的表现** 3—4岁 1. 能根据自己的兴趣选择游戏或其他活动。 2. 为自己的好行为或活动成果感到高兴。 3. 自己能做的事情愿意自己做。	3. 认识国旗、国歌，知道自己是中国人。 4. 知道父母的职业，能体会到父母为养育自己所付出的辛劳。 5—6岁 1. 对小学生活有好奇和向往之心。 2. 了解社会生活中最基本的规则，自觉地遵守一日生活中的各项行为规范。 3. 爱护身边的环境，注意节约资源。 4. 知道自己的民族，知道中国是一个多民族的大家庭，各民族之间要互相尊重、团结友爱。

续表

《纲要》中的目标	《指南》中的目标	我园的目标
8.适当向幼儿介绍我国各民族和世界其他国家、民族的文化，使其感知人类文化的多样性和差异性，培养理解、尊重、平等的态度。 （三）指导要点 1.社会领域的教育具有潜移默化的特点。幼儿社会态度和社会情感的培养尤应渗透在多种活动和一日生活的各个环节之中，要创设一个能使幼儿感受到接纳、关爱和支持的良好环境，避免单一呆板的言语说教。 2.幼儿与成人、同伴之间的共同生活、交往、探索、游戏等，是其社会学习的重要途径。应为幼儿提供人际间相互交往和共同活动的机会和条件，并加以指导。 3.社会学习是一个漫长的积累过程，需要幼儿园、家庭和社会密切合作，协调一致，共同促进幼儿良好社会性品质的形成。	4.喜欢承担一些小任务。 4—5岁 1.能按自己的想法进行游戏或其他活动。 2.知道自己的一些优点和长处，并对此感到满意。 3.自己的事情尽量自己做，不愿意依赖别人。 4.敢于尝试有一定难度的活动和任务。 5—6岁 1.能主动发起活动或在活动中出主意、想办法。 2.做了好事或取得了成功后还想做得更好。 3.自己的事情自己做，不会的愿意学。 4.主动承担任务，遇到困难能够坚持而不轻易求助。 5.与别人的看法不同时，敢于坚持自己的意见并说出理由。 **目标4　关心尊重他人** 3—4岁 1.长辈讲话时能认真听，并能听从长辈的要求。 2.身边的人生病或不开心时表示同情。 3.在提醒下能做到不打扰别人。 4—5岁 1.会用礼貌的方式向长辈表达自己的要求和想法。 2.能注意到别人的情绪，并有关心、体贴的表现。	

续表

《纲要》中的目标	《指南》中的目标	我园的目标
	3. 知道父母的职业，能体会到父母为养育自己所付出的辛劳。 5—6岁 1. 能有礼貌地与人交往。 2. 能关注别人的情绪和需要，并能给予力所能及的帮助。 3. 尊重为大家提供服务的人，珍惜他们的劳动成果。 4. 接纳、尊重与自己的生活方式或习惯不同的人。	

（二）社会适应

目标1　喜欢并适应群体生活

3—4岁

1. 对群体活动有兴趣。
2. 对幼儿园的生活好奇，喜欢上幼儿园。

4—5岁

1. 愿意并主动参加群体活动。
2. 愿意与家长一起参加社区的一些群体活动。

5—6岁

1. 在群体活动中积极、快乐。
2. 对小学生活有好奇和向往。

目标2　遵守基本的行为规范

3—4岁

1. 在提醒下，能遵守游戏和公共场所的规则。
2. 知道不经允许不能拿别人的东西，借别人的东西要归还。
3. 在成人提醒下，爱护玩具和其他物品。

第一章 解读社会区

续表

《纲要》中的目标	《指南》中的目标	我园的目标
	4—5岁 1. 感受规则的意义，并能基本遵守规则。 2. 不私自拿不属于自己的东西。 3. 知道说谎是不对的。 4. 知道接受了的任务要努力完成。 5. 在提醒下，能节约粮食、水电等。 5—6岁 1. 理解规则的意义，能与同伴协商制定游戏和活动规则。 2. 爱惜物品，用别人的东西时也知道爱护。 3. 做了错事敢于承认，不说谎。 4. 能认真负责地完成自己所接受的任务。 5. 爱护身边的环境，注意节约资源。 **目标3 具有初步的归属感** 3—4岁 1. 知道和自己一起生活的家庭成员及与自己的关系，体会到自己是家庭的一员。 2. 能感受到家庭生活的温暖，爱父母，亲近与信赖长辈。 3. 能说出自己家所在街道、小区（乡镇、村）的名称。 4. 认识国旗，知道国歌。 4—5岁 1. 喜欢自己所在的幼儿园和班级，积极参加集体活动。 2. 能说出自己家所在地的省、市、县（区）名称，知道当地有代表性的物产或景观。	

续表

《纲要》中的目标	《指南》中的目标	我园的目标
	3. 知道自己是中国人。 4. 奏国歌、升国旗时能自动站好。 5—6岁 1. 愿意为集体做事，为集体的成绩感到高兴。 2. 能感受到家乡的发展变化并为此感到高兴。 3. 知道自己的民族，知道中国是一个多民族的大家庭，各民族之间要互相尊重，团结友爱。 4. 知道国家的一些重大成就，爱祖国，为自己是中国人感到自豪。	

三、关键经验及思维导图

对社会区目标有了清晰的认定之后，在实施目标的过程中，教师需要对社会区的关键经验进行再次的梳理。这些关键经验涉及幼儿自我意识方面的培养，幼儿与同伴及成人之间的互动，幼儿正确了解自己和他人之间的不同，幼儿学会观察和认识别人的情绪、情感，幼儿的同理心以及规则意识的形成等，它们之间既相互关联，又具有整体性、层次性及领域性的区别，社会区关键经验的获得对幼儿的社会性发展起着举足轻重的作用。

（一）关键经验

◆ 自己的事情自己做。

◆ 在游戏中解决面临的问题。

◆ 用语言表达自己的情感。

◆ 按规则要求参加小组活动。

- ◆ 能够较敏锐地感受到别人的情感、兴趣和需求。
- ◆ 能够和同伴、成人交往。
- ◆ 在合作性的游戏中能与同伴创造性地玩耍。
- ◆ 能够处理社会性冲突。

(二) 思维导图

在不同年龄段幼儿的社会学习中，由于幼儿生活范围有限、生活经验不足，他们对于生活中的社会现象和社会事件缺乏了解，而且学前期的幼儿大部分都处于具体形象思维和直觉形象思维阶段，幼儿对客观世界的感知需要借助具体的感性形象，因此，教师应该把幼儿对现实生活的感知放在首位。在区域目标和内容的设置中，教师应按照《纲要》中"内容与要求"第3条"提供自由活动的机会，支持幼儿自主地选择、计划活动，鼓励他们通过多方面的努力解决问题，不轻易放弃克服困难的尝试"这一教育要求，在社会区教育活动设计及材料投放中注重引导幼儿通过直接感知、亲身体验和实际操作来开展学习，以实现社会领域的教育。

在幼儿园的社会区，以增强幼儿的自尊、自信，培养幼儿关心、友好的态度和行为，促进幼儿的个性健康发展为主要目标。在以下社会区的思维导图（见图1-1）中，包含人际关系、社会环境、行为规范以及社会文化四大方面的内容。人际关系涉及自己、同伴、集体等方面；社会环境涉及家庭、幼儿园、社区、祖国、世界及节日等方面；行为规范涉及公共规则和交往规则等方面；社会文化包含人文景观、民间节日、文化精品及世界文化等。社会区的材料投放以幼儿的生活为出发点，遵循幼儿学习规律和生活需要的原则，材料投放由浅入深、由易到难、由简单到丰富，层层递进，逐渐提高要求、增加难度。

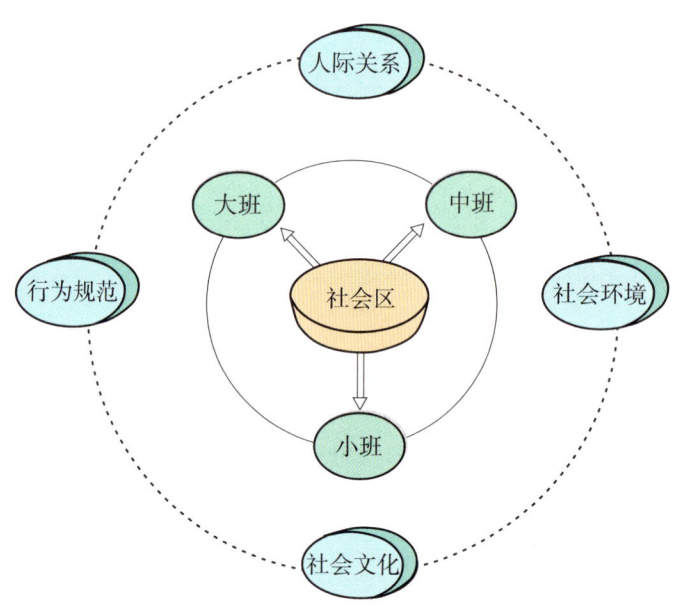

图 1-1　社会区思维导图

第二节　社会区环境

　　幼儿的学习与发展离不开幼儿与环境的相互作用，幼儿在社会区中的活动质量、角色体验以及人际关系的建立直接体现了他们的社会性发展程度。如何创设良好的社会区学习环境，使环境既能够满足全体幼儿的社会化适应需求，又能够照顾到每个幼儿的个体需求，还能保证区域活动的探究效果，对幼儿园教师来说是一个很大的挑战。基于以上种种原因，在社会区环境创设中，为了让环境凸显最大的教育功能，教师从社会区环境的特点、社会区物品的摆放、社会区中的标识三个方面进行探究、创新和尝试，使有限的空间发挥出最优的作用。

一、社会区环境的特点

在《幼儿园区域活动——环境创设与活动设计方法》一书中提到：社会区属于幼儿园整体区域范畴中基本区域的一个领域。与其他领域相比，社会领域的学习与其他领域的学习虽然有一定的相同之处，但又存在着自身的独特性。社会教育不只是社会常识、文学艺术作品及品德的相加，还有更广泛的内容，如人际交往、社会行为技能等。社会教育作为一个独立而又与其他领域有广泛联系的课程领域，在区域环境方面具有以下几个特点。

（一）环境的设置有助于同伴间交流合作能力的提升

根据《纲要》社会领域中的"内容与要求"，结合深圳市莲花二村幼儿园社会区活动的特点，我们在设置环境时充分考虑到社会区环境的教育性与目标性，努力使区域环境的创设目标与《纲要》中社会领域的教育目标一致，从而引发、支持幼儿与周围环境之间积极的互动。

环境是重要的教育资源，良好的教育环境对幼儿的发展起着积极的作用。社会区环境（见图 1-2）包含精神环境、空间环境以及物质环境三大部分。在精神环境层面，教师应该为幼儿提供自主、平等、宽松、和谐的氛围，鼓励幼儿自主选择区域中的各种操作材料、自主选择同伴共同游戏、自主掌握学习进度和时间；教师应该传递给幼儿尊重、信任和鼓励的信息，让他们的内心情感获得满足，在这种精神环境下，幼儿的个性及创造性思维能够无拘无束地尽情释放。

图 1-2 室内社会区整体环境

在空间环境布置上，教师需要立足于幼儿的发展需求与年龄特征，既考虑到幼儿之间的互相交流、合作，又注意不影响个别化学习的幼儿的探究。为了使两者之间互不干扰，在社会区的场地中，既划分出能够让幼儿独立操作的空间，又计划好同伴间能够交流合作的场地，这种高效能的空间布局能够最大限度地提高幼儿在活动区学习的效率。

在物质环境提供上，教师应根据社会领域的教育目标、教育内容和现阶段班级幼儿发展的水平，有目的地在社会区投放各种适宜的活动材料。这些可操作的材料大致可以分为两种：一种是独立性材料，专门用于幼儿的个别化学习、独立性探究；一种为合作性材料，能够引发同伴间的合作性学习，与同伴共同探究、交流，这种材料的投放对幼儿人际关系的提升起着重要的作用。

（二）场地的动静结合遵循了社会性学习的规律

因活动区各区域的教育目标不同，所承载的教育功能也各不相同，所以，教师针对各学科领域的学习特点，在活动区场地的设置中科学布局相当重要。有的区域需要相对开放的场所，有的区域需要围合的场地。例如：艺术区注重提高幼儿对美的表现力和创造力，教师为幼儿创设的活动场地是开放性的；而语言区和数学区，需要幼儿在安静的环境中专注学习，不受周边环境的干扰，教师会有意识地将这些区域的场地进行围合，为幼儿创设相对隐蔽的空间。

在选择社会区场地时，为了尊重幼儿的学习特点及满足其发展需要，保证区域活动的有序开展，促进幼儿良好社会性品质的形成，教师首先应该考虑到社会领域学习的特殊性，有些知识经验幼儿可以通过个别化探究性学习获得，但是有些情感方面的经验与正确的行为规范，幼儿需要通过与同伴交流、交往才能形成。在社会区的案例中，涉及自己、同伴、集体、公共规则以及交往规则等人际关系和行为规范方面的内容，需要幼儿在现实游戏中与同伴共同学习；涉及社会环境、社会文化方面的内容，如"祖国妈妈""深圳景点""国家与国花"等，需要幼儿在与活动区材料的互动中学习。所以，基于社会领域的学习目标和实施方式与其他领域的不同，在设置社会区场地时，教师需要平衡好围合与开放的程度，遵循幼儿在社会领域学习中动静结合的原则，既要让幼儿有独立的空间开展认知性学习，又要创设条件让幼儿与同伴有合作交流的空间，只有为幼儿提供一个合理的区域环境，做到静态与动态的科学结合，才能形成促进其身心快乐成长的空间。

（三）桌椅的灵活摆放凸显了社会性学习的主观能动性

在幼儿园的活动区中，最常用到的是桌子和操作毯，教师为幼儿提供适宜的桌椅，不仅能够使幼儿形成良好的坐姿，还能使幼儿提高学习效率。教师在为幼儿提供桌子和操作毯时，需要充分考虑以下几个原则：其一，保证桌椅和操作毯的安全性，做到材质安全无毒、桌椅高度匹配、桌面和椅面光滑、地毯软硬度合适、大小适宜等；其二，教师应该根据幼儿的年龄特点、身心发展水平、学习特点以及人数来提供桌椅和操作毯（见图1-3）。小班幼儿个子小、动作发展精细度不够，教师应尽量让幼儿在桌子上开展活动；中、大班幼儿则可以在桌子和地毯上进行操作。

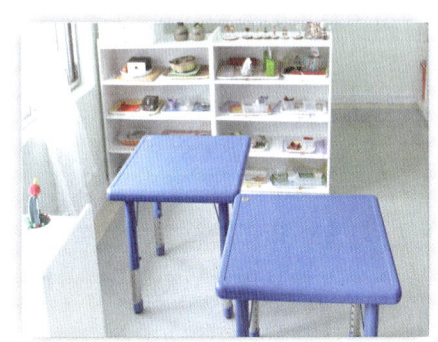

图1-3　桌子视人数灵活摆放

当幼儿在其他区活动时，这些桌椅都是以一种固定的模式呈现出来，但是社会区活动有自身的独特性，经常会出现多人合作的情况，教师如果一味地强调用固定的形式来开展活动，容易让整个社会区的空间拥挤不堪。当幼儿的活动空间变小时，他们在区域中的活动会受到很大的局限，长此以往，幼儿会逐渐失去在这个区域探究的兴趣，社会区将失去应有的教育价值。为了保证社会区活动的正常开展，教师可只在区域中提供一定数量的桌椅和操作毯，鼓励幼儿根据活动内容的需要，按照参与活动的人数、活动的要求以及场地大小，灵活摆放桌子和操作毯，使社会区成为变化多样的活动场地

图 1-4　桌子的多种摆法

（见图 1-4）。如：在大班社会区活动"小主人"中，教师为幼儿提供了迷你家具、迷你茶杯、点心等操作材料，活动时还有幼儿邀请客人来家里做客等环节，幼儿在操作这份材料时，需要有较为开阔的空间布置"家的场景"，以便邀请多个客人共同游戏。为了保证空间，有的幼儿会把几张地毯拼在一起，有的幼儿会把桌子连起来摆放家具，这些都需要幼儿自主去完成。灵活摆放社会区的桌椅和操作毯能够充分发挥幼儿的主观能动性，达到《纲要》社会领域中提出的要求"在共同的生活和活动中，以多种方式引导幼儿认识、体验并理解基本的社会行为规则，学习自律和尊重他人"。

（四）大型社会理解区填补了室内空间的不足

以上所描述的社会区环境，大部分所指的是室内区域，但是室内的社会区域大多数是以丰富幼儿社会认知方面的知识为主，受区域空间的影响，在班级的活动室内无法单独设置角色扮演体验的区域。为了弥补室内社会区域的局限性，教师们可创设能够保证幼儿体验各种角色游戏的室外社会活动区域——社会理解区。

图 1-5　社会理解区整体环境

在《幼儿园区域活动——环境创设与活动设计方法》一书中提出：社会理解区通过创设生活化的游戏情境，投放各种真实的活动材料，引导幼儿在该区域中按照自己的意愿选择和扮演角色，设计活动情节，模拟再现他们所了解的真实社会生活情境，并充分发挥想象力进行创造（见图 1-5）。在深圳市莲花二村幼儿园的社会理解区中,设置有模仿大型社区的"莲花小镇",有能够模仿各行各业角色的"莲花超市""莲花社区医院""莲花发廊""我爱我家"等区域。教师会把每个不同的游戏现场布置成相应的环境,并设计出合理的游戏环节、投放便于幼儿游戏的各种道具。如:在"莲花超市"的环境创设中,教师先规划出一个比较大的场地作为超市的游戏区域,"超市"中提供了商品陈列架、仿真收银机、小推车、购物篮、仿真钱币等相关的超市设备,用摆放商品的柜子将超市划分为果蔬区、肉类区、日常用品区、玩具游戏区等不同区域,并投放大量相应的仿真商品用于买卖。幼儿在超市的模拟环境中,通过自主选择和扮演角色,在模仿购物过程中学会了遵守游戏规则和社会秩序,懂得了与同伴交往的技巧,体验到与人分享及交流的乐趣,在今后的生活中能够很好地迁移在游戏中获得的社会经验。大型社会理解区的创设为幼儿提供了一个依据已有生活经验进行再创造的环境场所,是对室内社会区环境的有益补充,能够很好地促进幼儿的社会性发展。

二、社会区物品的摆放

社会区物品包括区域中的活动柜、操作台、操作毯、收纳架、社会区操作材料以及各种标记,为了让社会区的环境更有利于幼儿的探索与研究,在摆放这些物品时,教师应该合理布局、科学利用,让区域中的各种设施更好地为区域环境服务。

(一)社会区活动柜及操作台

1. 社会区活动柜

社会区活动柜分为室内社会区活动柜和公共社会理解区活动柜两种。室内社会区活动柜受场地面积、幼儿年龄和身高的影响,从柜子的质量和安全两方面提出了具体的要求。

活动柜的质量:活动柜质量需要满足多方面的要求,材质、颜色、外形、高矮、宽窄、大小等都有颇为具体的指标。如：活动柜的材质多数采用环保健康的实木材质；活动柜的颜色多选用白色、浅灰、浅粉等接近自然的色系，一方面能够在视觉上给人舒适、清爽的感觉，另一方面更能突出摆放在柜子里面的材料的丰富性；活动柜的外形通常以四层长方形活动柜为主，配以正方形或者梯形的活动柜清晰划定出区域之间的界线；活动柜的高矮、大小、宽窄应尽量符合幼儿的身高，以方便幼儿取放材料为基本准则，所有材料都应摆放在幼儿视线范围之内。

活动柜的安全：活动柜的安全包含两个方面的内容，分为活动柜自身的安全程度和卫生方面的要求。在安全方面，应该选择严格按照国家相关教玩具安全规定生产的产品，做到材质无毒、无安全隐患、安全稳固、经济实用；在卫生方面，应该柜面光滑、柜体轻便可挪动，方便清洁与消毒。

公共社会理解区活动柜及设施：公共社会理解区作为室内社会区的补充，以为幼儿提供情境化的大型社会游戏活动为主，教师为幼儿提供真实的生活情境及以角色扮演为主的游戏活动，幼儿在游戏中能够再现生活场景和模仿成人，以此达到丰富幼儿的生活经验和促进幼儿的社会性发展的目的。

基于社会理解区的特殊性，活动柜及设施的配备也具有独特性：活动柜相比于室内社会区的单一，具有多样性的特点。活动柜的选择源自不同游戏场所的功能特点，如：在"莲花小镇"中有"莲花超市""姐姐的家""莲花医院"等大型活动区域，选择单一的活动柜明显满足不了幼儿游戏的需求，教师需要选择各种不同的活动柜和设施来布置活动场地。在"莲花超市"中选择了开放式的条形活动柜，方便各种商品的摆放与自选，同时还配有超市购物车、收银台等相应的设施；"姐姐的家"需要选择合适的衣柜、儿童床、厨房用品布置成一个家的场景（见图1-6）；"莲花医院"则需要各种桌椅及柜子，

图1-6　社会理解区设施配备

充当诊疗台、点滴处、医药柜等，以让幼儿更好地体验看病治疗的流程。合适的活动柜能够更加逼真地反映现实生活，在幼儿的人际交往与社会适应中起着重要的作用。

2. 社会区操作台

有关桌椅的配置：为了保证幼儿在社会区这个特定的空间里活动自如，养成良好的学习习惯，提高区域学习的效率，教师在为幼儿选择操作台时，应该充分考虑幼儿的年龄、身高、学习特点、安全卫生要求等各方面的因素，结合桌椅的大小、高矮、数量等多方面的因素进行科学合理配置。例如：在桌子的高矮方面，因中、大班幼儿在操作材料的过程中有许多涉及写写画画的任务，需要用到桌子的时间相对较多，一般会为他们提供高约45厘米的常规桌子以及配套的椅子。为幼儿提供适宜的桌椅能够帮助幼儿形成正确的坐姿，培养良好的学习习惯。而小班幼儿个子小，使用桌子的频率较低，为了更好地引发幼儿对社会区的兴趣，教师通常会为其提供一些不同形状（圆形、正方形、梯形等）的桌子，这些不同形状的桌子可以任意拼接，让社会区的空间灵活多变，更能激发小班幼儿探究的愿望。

用地毯代替操作台：因室内社会区空间较小，受场地面积的制约，摆放的桌椅数量也相对有限，而每个班级的幼儿人数又较多，为了保证有需要的幼儿能正常开展活动，教师会采取"用地毯代替操作台"的方式，为幼儿提供一些便于收纳和平铺的地毯。这些地毯大小适中、柔软适度、能卷起来、幼儿取放方便。这种方式不仅经济实用、方便快捷，做到了区域空间的最优化，还从视觉上减少了拥挤的感觉，保证了幼儿的学习效果。

（二）社会区物品

1. 室内社会区物品摆放

在社会区活动中，因为不同个体拥有不同的优势智力领域，在操作中也有各自不同的学习方式和操作风格，为了使不同个体达到社会区的教育目标，教师需要依据幼儿的需求为其提供丰富多样的活动材料，而在摆放这些材料时，既要体现材料的丰富性，给幼儿足够多的选择空间，让他们充分自主地选择操作材料，又要在摆放中体现出材料的层次性和有序性。

材料摆放应体现层次性。针对班级中不同个体发展水平不一的特点，教师在摆放材料时，应该从以下两个方面体现出层次特征：首先，随着目标的递进逐步增加材料的难度；其次，为了满足幼儿的学习需求，对同一类型的材料要设计出不同层次的难度。

材料摆放应体现有序性。综合社会区材料的摆放还应该体现有序的特征。教师在摆放材料时，应该根据材料操作的难易程度，将不同的材料从上到下、从左到右、从易到难地分类摆放。对幼儿来说，有序摆放材料能够让他们感受分类的规律、熟悉每份材料所处的位置；对教师来说，更能快速辨别出幼儿操作材料的难易程度，有利于进行有针对性的指导。

柜面文具的摆放。在社会区的活动中，随着幼儿学习能力、动手能力的增强，有些材料需要幼儿以涂色、连线、剪贴等写写画画的方式记录操作的过程和结果，幼儿记录时需要各类文具，教师通常会将这些文具摆放在活动柜表面供幼儿自由选择（见图1-7）。在摆放柜面文具时，教师也需要把握以下几点：第一，在文具的种类上，小班幼儿只需要简单的涂涂画画，文具的种类仅限于油画棒、垫板等；中班幼儿的动手能力增强，在原有的基础上教师会增加粗的三角彩色铅笔、剪刀及胶水等文具的投放；大班幼儿需要考虑到幼小衔接、良好的书写习惯培养等多方面的因素，在文具的种类上，增加了用于测量的尺子、液体胶水、订

图1-7 室内区域物品摆放

书机、回形针、学生剪刀等与小学匹配的文具。第二，在文具的数量上，应该充分考虑到每一种文具的使用频率和损耗特点，小班幼儿使用剪刀、胶水的频率较低，投放数量就相对较少；大班幼儿使用铅笔的频率较高、损耗也较快，投放数量相对就要增加，还应有卷笔刀等配套的文具。科学地在柜面上摆放各类文具，对幼儿良好的学习习惯养成以及秩序感、规则感的建立有较大的促进作用。

2. 公共社会理解区物品摆放

幼儿园的社会理解区是公共区域中相对大型的活动区域，教师通过创设生活化的游戏情境，投放真实的或者替代性的操作材料，让幼儿扮演、模拟真实的社会生活情境，从中获得社会情感体验。选择公共社会理解区物品时，会更多地使用低结构化的半成品材料，教师通常会将收集来的各种适宜角色游戏的材料分类及加工后，根据材料的不同功能投放到不同的游戏区域当中。

因社会理解区涉及的材料种类、数量较多，在物品的摆放上教师一般会运用以下策略：

首先，材料的摆放充分体现主题特征。在社会理解区，因为不同区域间有独立的主题，所以教师在摆放材料时既需要考虑到本区域的主题，还需要落实每一份材料在此区域中的功能。例如：在"莲花小镇"里设置有"娃娃家""医院""超市"等不同功能的角色游戏，那么在摆放材料时，教师需要把"医院"的"医疗器械""药品"放在一个区域里，把"娃娃家"的"锅碗瓢盆"放在一个区域里，这样有秩序地摆放材料，主题突出，有利于幼儿形成良好的游戏常规。

其次，材料的摆放遵循便捷取放的原则。为了保证社会理解区游戏的有效开展，提高材料的使用效率，材料摆放在体现主题特征的同时，还应该遵循在活动中便捷取放的原则。教师应该把材料放在便于幼儿取放的地方，幼儿可以与同伴一起安全、自由地任意取放材料，做到在活动中根据不同的需求取物，用后归还。这种摆放方式既体现出教师对幼儿的信任和尊重，又满足了幼儿的个性需求，能有效促进幼儿的社会性发展（见图1-8）。

图 1-8 社会理解区物品摆放

三、社会区中的标识

社会领域的教育除了注重社会认知、社会情感和社会技能之外，还应该通过各种活动引导幼儿接触社会现象、社会事务以及社会成员，因此，社会区分为室内活动区和公共大型的社会理解区。在社会区活动中，教师与幼儿之间、幼儿与幼儿之间的心灵沟通和精神交流，对促进幼儿的个性发展有重大的影响。如何让幼儿更好地在社会区中开展活动，为幼儿创设适宜的环境尤为重要。适宜的环境不仅包含丰富的可操作材料，还需要幼儿有良好的材料归位意识和自我管理材料的能力，基于此原因，教师为社会区设计不同的标识成了培养常规中不可缺少的一部分。

（一）室内社会区标识

室内社会区标识是指活动柜的不同记号，这些记号能够帮助幼儿快速辨别各种材料在活动柜中的具体位置，获得正确地将材料归位的经验。教师在设计标识时，应该根据幼儿的年龄特点和学习能力，设计出针对不同年龄段幼儿的易懂好记的标识，巧妙地将区域活动的规则蕴含在各种标识当中，让幼儿通过反复的视觉刺激和图片暗示，建立起良好的规则意识。

在室内的社会区活动中，每一份材料都是独立地摆放在活动柜中，幼儿进行个别探究时需要多次拿取和归位摆放。针对不同年龄段幼儿的思维特点、记忆特征、学习内容，教师在设计标识时应注意到以下几点：

小班幼儿的思维方式以直观性和具体形象性为主，较容易记住视觉冲击大、感兴趣的、颜色和形状区别较大的图案。根据小班人际交往与社会适应的活动目标设计小班社会区标识时，教师通常都会选用身边熟悉的人或事物作为标识，如用叔叔阿姨、弟弟妹妹、爷爷奶奶的图片或者幼儿园的各种玩具设备的图片作为标识，这些标识能够充分体现出真实感和生活气息，易辨好记。

中班幼儿具备了一定的创造意识和探究能力，经过小班一年的培养，他们的规则意识已经初步形成。基于中班阶段的幼儿特点，教师设计中班社会区标识时，从标识内容的选择到标识图案的简繁在要求上都有相应的提高，如标识的内容选用不同国家的国花或者特殊的标志等。这些标识的投放能够很好地激发幼儿的探究愿望，达到多重效果。

大班幼儿具有一定的图文理解能力、逻辑思维能力及动手操作能力，在设计大班社会区标识时，教师会引导幼儿共同选择标识内容，根据内容设计出相应的图案（见图1-9）。这种方式能够让幼儿快速记住材料所在的位置，提高了取放收纳的效率，在培养幼儿良好习惯的同时促进其学习品质的发展。

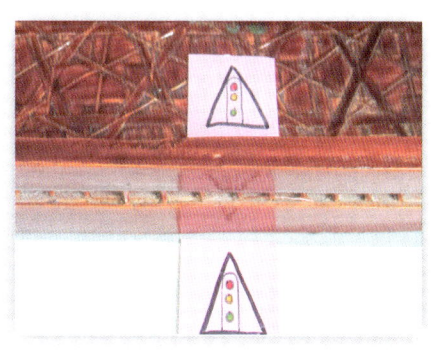

图1-9 大班幼儿自制标识

（二）公用社会理解区中的标识

《幼儿园区域活动——环境创设与活动设计方法》一书中提到："社会理解区是幼儿园公共区域中相对大型的活动区域，能够满足幼儿再现生活场景和模仿成人的愿望。"社会理解区设置在宽敞、方便幼儿走动和交流的区域，在这个大型的空间里，围绕"莲花小镇"这一核心主题又创设了"妞妞的家""莲花医院""莲花超市"等不同的游戏区域（见图1-10）。为了保证游戏的顺利开展，培养幼儿良好的秩序感和责任意识，教师会设计出一些浅显易懂的区域标识，这些标识的投放可以用于区分不同的游戏区域，幼儿也可通过这些具体形象的标识正确区分不同区域的活动内容。

图1-10 社会理解区标识

社会理解区的标识有两种。

一种是体现本区域游戏内容的标识，这些标识大多选自与每个游戏主题相关的内容，比如："妞妞的家"选用的是一家大小的全家福，"莲花医院"的标识里有大大的红十字标记，"莲花超市"的标识是在各种商品背景上标注明显的超市名称。这些主题明确的标识图片就像一名导游，指向明确，不仅能够暗示幼儿快速了解此区域的功能，还能够起到指导幼儿自主、有序地开展活动的作用。

另外一种标识用于各区域不同的材料。社会理解区具有内容丰富、材料逼真、数量较多的特征，为了培养幼儿良好的分类和整理习惯，教师会用不同的标识图来提示和引导幼儿将材料归位。在设计标识图时，考虑到仿真材料投放较多，教师一般会将材料拍照后再以图片的方式呈现，幼儿整理材料时能够用一一对应的方式，把与标识图片对应的材料放在一起，在最短时间内将材料归位。这些标识的使用，在帮助幼儿轻松自主地开展游戏的同时，也对幼儿规则意识的形成和责任感的培养起到了很好的促进作用。

第三节　社会区材料

在幼儿园区域活动中设置社会区，是幼儿园有目的地培养幼儿社会性发展最重要的方式之一。社会区的环境布置及营造的氛围能调动幼儿进入社会区活动的积极性，社会区中幼儿亲身感受并与之互动的材料，则承担着最直接的增加幼儿社会认知、增进幼儿社会情感、促使幼儿社会行为形成的作用。幼儿良好的社会性发展由社会认知、社会情感与社会行为三方面组成，在设计与制作社会区材料时，教师既要考虑《纲要》与《指南》中对幼儿社会领域发展的要求，也要考虑社会教育这一学科本身的要求，社会区材料的目标体系、内容体系以及评价体系都应涵盖以上三个方面，以确保幼儿在区域活动中社会性的全面发展。

一、社会区材料特点

在真实的社会生活中发展幼儿的社会性无疑是最佳的途径，幼儿园一日生活中包括了大部分现实社会的人际交往、社会规则、社会现象，如果教师能够在各个环节中关注每个幼儿，使每个幼儿的社会行为得到引导与纠正、社会知识得到总结与提升、社会情感得到梳理与激发，那么幼儿的社会性就会得到良好的发展。但目前在国内的绝大部分幼儿园，班级幼儿人数多，教师数量少，在处理幼儿的个性问题时，很多时候教师都用集体方式进行处理，幼儿的差异性并没有完全得到尊重与重视，且由于每个幼儿的理解速度、个人社会性的差异，这样通过集体方式来解决问题未必能达到目的。由此，在幼儿园开展能充分促进幼儿差异性发展的社会区活动，有目的地针对幼儿社会性所涵盖的各个方面进行教学，同时弥补集体活动中对幼儿社会性发展的遗漏，有着积极的教育意义。人的社会性发展需要在一定的情境下，需要有人与人的互动，需要在当事人真实的体验中才能实现，那么社会区设计与投放的材料应具有什么特点，才能真正实现社会区设置的目的，实现幼儿社会性的健康发展呢？

（一）材料的角色性

在社会生活中，每个人都有自己的角色，随着社会生活中的地点不同、与周围人物的关系不同，其角色也不同，如：女性在家庭中的角色，因人物关系不同，可能是母亲的角色，也可能是姐姐或妹妹的角色；而随着地点的变化，到单位后，如果是在学校工作的女性，有可能是教师的角色，也同时是同事的角色。人们在社会生活中的不同角色，有着不同的社会要求，承担的社会责任及要遵守的特定地点的社会规范就会不同。幼儿虽然年龄小，同样有不同的社会角色，他们需要了解这些角色的行为规范、道德要求，同时幼儿所具有的好奇心及对外界事物和现象不断寻求答案的特点，使他们特别喜欢去了解成人世界的各种角色要求，也愿意模仿和扮演这些成人的角色。教师在设置社会区环境，特别是设计与制作材料时应该对他们的这些成长需要与个性要求进行全面的思考，让社会区材料具有角色性这一特点。

教师将角色特点设计到材料中，可以让幼儿进入社会区开展材料探索时有角色体验的感觉，幼儿通过扮演社会角色，了解与这一角色相符的行为经验以及这一角色应该遵循的社会规则和道德规范。如：幼儿在操作探索"值日生"材料时，始终扮演值日生这一角色，通过材料全面了解一天中值日生所要完成的工作及工作要求——早上来园整理物品，进餐时分餐、摆放餐具，洗手环节的节水督察等。材料的角色性是根据幼儿社会性发展的特点设计的，教师在根据这一特点设计材料时，要使角色具有针对性，选择适宜幼儿以及幼儿有强烈了解愿望的角色，以增加幼儿角色尝试的新鲜感，增强材料的作用。

（二）材料的情境性

幼儿的社会性发展是真实社会对他们成长的要求，也是他们以后更好地适应社会、独立走入社会的需要。幼儿的社会性是随着他们经历每一个不同的社会生活情境而增进的，而他们所建立的社会性也会在以后每一个社会生活情境中得到运用。《指南》社会领域人际交往目标2"能与同伴友好相处"

的教育建议中提出："结合具体情境,指导幼儿学习交往的基本规则和技能。"在促进幼儿社会性发展中,情境性是非常突出的特点,但幼儿的年龄小,频繁外出体验不太现实,教师不可能带幼儿亲身体验每一种社会性发展所需要的场景。

社会区的材料,可以为幼儿创设一个模拟的世界,因而在设计制作促进幼儿个性发展的材料时,教师一定要考虑社会区材料的情境性特点,让幼儿通过探索这些有一定情境的材料,体验和理解在这一环境中的规则、行为或不同的情绪体验,以便幼儿在日后生活中面对同样的情境时,能将在材料中获得的经验进行迁移,很好地适应社会,开展交往,获得成功。如:在设计材料"儿童公园文明游客"时,教师就将儿童公园游乐场这一情境设计在材料之中,然后将儿童如何在游乐场中做文明游客融入材料内容,幼儿通过探索这一材料,如同在现场进行体验,了解哪些是文明行为,哪些是不文明行为。材料探索完成后,幼儿学习了在公共游乐场所应有的文明行为举止,感受了做文明游客的愉悦感,他们的社会性品质得到了相应的提升。

(三)材料的模仿性

《指南》社会领域中提到:"幼儿的社会性主要是在日常生活和游戏中通过观察和模仿潜移默化地发展起来的。"模仿学习是一种很重要的学习方法,尤其对于年幼的儿童来说,他们的天性中就有爱模仿这一特点,幼儿通过观察模仿习得新的知识,建立新的行为习惯。在社会区的活动材料中运用模仿法开展学习,要根据幼儿社会性发展的水平和特点,以及幼儿行为表现和教育目的,衡量和选择需要模仿的内容。在社会区运用这一特点来设计材料时,教师一定要将材料的内容定义为正面的以及正确的模仿,强化正面教育,切不可让错误的模仿内容出现在材料中,否则容易造成幼儿的思维混乱,也容易使还不具备精确筛选信息能力的幼儿记忆了错误的标准,进而阻碍其良好社会行为的形成。

在设计具有模仿性的社会区材料时,教师还要根据确定的模仿内容所涵盖的特定行为规范,来设计制作材料模仿活动呈现的方式:是用人物的方式,还是运用符号榜样的方式来让幼儿模仿;是选用现实生活中的榜样,还是选用传统人物作为榜样。如:在"西餐礼仪"活动中,教师就选择了正确的榜样模仿,以图像及实物结合的形式进行了材料呈现,幼儿通过观察教师为其提供的正确西餐餐具提示图,操作真实的西餐餐具,了解西餐餐具使用方法,同时培养就餐时的文明礼仪,也接受了多元文化的熏陶。

(四) 材料的丰富性

在关注社会材料的丰富性这一特点时,教师应从全面培养幼儿的健全人格这一核心点出发,将人际交往和社会适应作为社会领域方面主要学习的内容,让幼儿通过与材料互动,不仅学习与人友好相处,也学习正确地看待自己、对待他人,不断发展社会生活适应能力。幼儿在与区域材料的互动中清楚正确地认识人际关系,认识真实的社会环境,了解标准的行为规范、丰富多元的社会文化,更好地参与幼儿园集体生活,并在幼儿园这个新环境中获得安全感和信任感,形成基本的认同感和归属感,身心健康地度过幼儿期生活,更为他们将来走入社会奠定基础。

社会区材料的丰富性,主要体现为材料内容的丰富性。下面,我们通过深圳市莲花二村幼儿园社会区材料橱来一览社会区材料种类的丰富性(见表1-2)。

表1-2 大班社会区材料橱

第一橱				
层级	活动材料			
第一层(人际关系)	男女洗手间	男孩的衣服	女孩的装饰品	小主人
第二层(人际关系)	我幸福的一家	我是家庭小帮手	我是大班哥哥姐姐	我能帮幼儿园做什么
第三层(社会环境)	家庭安全我知道	消防物品	公共场所标志	中国世界遗产

续表

第一橱	
层级	活动材料
第四层（社会环境）	广式茶点　　传统面点　　国家国旗首都转盘　　各国货币

第二橱	
层级	活动材料
第一层（行为规范）	垃圾分类　　垃圾再生　　地铁文明　　文明小读者
第二层（社会文化）	传统节日　　节日食品　　少数民族节日　　少数民族服装
第三层（社会文化）	少数民族乐器　　中国地方戏曲　　不同字体书法　　茶道
第四层（社会文化）	世界之最　　世界各地工艺品　　世界各地美食　　中外画家与作品

从表1-2中可以看出，大班上学期，教师在社会区设置了投放材料的两个橱柜。这些材料是依据《纲要》和《指南》社会领域的要求及目标进行园本化分解后设计制作的。这些内容丰富的材料保证了幼儿在大班年龄段社会性发展各个方面所需要的内容，为幼儿构建了温暖、充满关爱的社会区环境氛围，激发了他们主动探索材料的兴趣，增长了他们的社会知识，提高了他们的社会适应能力，对促进他们的身心健康及其他各方面的发展都具有重要的作用。

（五）材料的合作性

我们发展幼儿的社会性，是为他们在与人交往的过程中有更好的方法和技能，在群体交往中有良好的规则意识和必要的公德心奠定基础。这些品质与能力的背后都伴随着人与人的互动。因此，在实现发展幼儿社会性这一目标时，我们不能忽视初衷，要将促进幼儿的社会性发展放置在幼儿与同伴、幼儿与教师或幼儿与成人的交往过程中进行，帮助幼儿厘清人际关系。我们认为，幼儿从这一过程中获得的社会性发展才是真实的发展，他们会将提升后的各方面社会能力在后续的真实的社会生活中进行运用。

区域材料是为实现幼儿个别化发展而设计制作的，许多材料是独立操作材料，但教师应该在可能的情况下多考虑材料的合作性。通过合作探索社会区材料，幼儿在与材料、与同伴的互动过程中既获得材料本身所蕴含的知识与技能，同时也获得真实的交往技能。如社会区"传统面点""西餐礼仪"等相关材料，都能够充分体现合作性的元素，幼儿通过与同伴合作，既掌握了新的知识经验，又增加了与同伴之间友好相处的经验。

二、社会区材料投放

在幼儿园的区域活动中，材料是最重要的环境构成材料，也是促进幼儿发展最直接的媒介。所有的区域材料都是教师根据材料的特性、设计原则以及幼儿的发展需要，有目的、有计划地投放的。但材料投放之后并不是一成不变的，区域材料的构成应该是动态变化的，有不同的原因造成材料的更换，而不同的区域由于领域特征不一样，在进行材料更换时，方法也会有所差异。

分析社会区材料特点，可以发现，社会区材料与外界的结合点更显示出多样化特征。有的材料需要与外界的环境结合，有的需要与角色结合，有的需要与主题结合，这些多样化的结合注定了社会区材料的投放与更换，具有与其他区域材料投放与更换不同的形式与方法。

（一）根据个性需要随时投放

幼儿走入幼儿园，是他们从家庭生活迈向社会生活的第一步。现代中国家庭仍然以"4+1""4+2"的家庭结构为主，一个家庭4～6个大人围着一个或两个孩子转，一切以孩子为中心，幼儿根本不知道怎样独立与人和谐相处。

当孩子进入幼儿园后，他们需要独立处理自己的生活问题，更要独立面对人生的第一次群体生活，也是他们的第一次社会性生活。既要幼儿有良好的独立生活能力，在没有家长陪伴的情况下度过一天的幼儿园生活，还需要他们懂得一定的社会交往方法与规则，在幼儿园这个陌生的环境中，尝试与成人（教师、园医、门卫等）及同伴展开良好的互动，以保证在幼儿园的每一天都健康、快乐、充实、有收获。

要促进幼儿的个性发展，教师要特别关注到每个幼儿是不同的个体，他们有不一样的性格。当这些带着各自的家庭印记，社会交往技能、社会知识、社会适应性等方面基本为零的幼儿进入社会区后，他们社会性发展中的差异性会非常明显地暴露出来，他们在社会区需要的互动材料也千差万别。教师如果只是提供材料，而不是提供适宜与科学的材料，那么社会区材料的数量再多，也不能满足幼儿发展的需要。教师应在起始活动中进行观察，尽快发现幼儿的需要，对每个幼儿进行评价，思考每个幼儿的"最近发展区"，并为他们找到或设计出与之匹配的发展材料。教师应对材料橱中的材料进行调整与更新，依据每个幼儿的个性需要随时投放，保证材料对促进幼儿发展的及时性。

（二）根据群体问题批量投放

虽然每个幼儿是带着不同的"性格特点"走入幼儿园的，但处于相同的生活环境，经历同样的活动，又会使原来有不同需要的幼儿，在幼儿园群体生活中遇到某些社会发展方面共通性的问题，如对幼儿园环境不熟悉、在幼儿园遇到问题不知道找谁寻求帮助、不了解或不熟悉规则，等等，每个幼儿进入幼儿园初期都会遇到。在三年的幼儿园生活中，他们还会不断地遇到其他需要共同解决的问题。当这些群体问题出现时，教师应该帮助他们寻找解决问题的材料，集中在社会区投放。有一定教育经验且具有区域教学经验的教师，会根据以往积累的带班经验，在问题出现前就预测到，提前有计划地进行批量材料投放，以帮助幼儿通过材料的探索与研究，储备幼儿园生活所需要的社会经验，提升社会交往能力，用获得的社会知识解决相关的生活问题，顺利地度过幼儿园生活的每一阶段。

（三）结合主题集中投放

社会区的材料应与幼儿园的集体主题教学紧密结合。主题活动一般情况下是以集体活动形式来开展的，而且很多是对外面世界的探索。在主题活动开展过程中，经常会有合作、分享活动，这需要幼儿具有交往技能，而走到幼儿园外面去进行活动时，又有新环境的适应、新环境规则等各种社会性问题出现。因此伴随每一个主题活动的开展，都会产生有关幼儿社会性发展的需要。在主题活动开展前，教师都要做相应的预知计划，在预知计划中有一个板块就是有关区域材料的。教师在开展每一次主题活动前，在设计与主题配套的区域材料时，要很好地利用这一契机，围绕主题活动制订计划中的每一次活动，周密而细致地思考制作什么样的社会区材料有助于活动的开展，或什么样的社会区材料可以让当次主题活动得到很好的补充或延伸，使社会区材料与主题紧密结合，幼儿园的各类课程实现一体化。如：深圳市莲花二村幼儿园每个新学年的第一个主题活动都是升班教育，小班主题是"高高兴兴上幼儿园"，中班主题是"我当哥哥姐姐了"，大班主题是"我是能干的哥哥姐姐"。对于刚上幼儿园的孩子，小班的教师会集中投放"表情娃娃""幼儿园工作人员""功能室及其作用"等一批与主题有关的材料，这些材料帮助刚入园的幼儿了解并熟悉幼儿园，加快他们适应幼儿园集体生活的速度；中班的教师会集中投放"幼儿园里的活动""礼貌用语""值日生""幼儿园场地"等一批与主题有关的材料，让幼儿更多地了解幼儿园的规则以及中班自我服务的内容，并学会自我管理一日生活；而大班的教师会集中投放"小主人""男女洗手间""我会做的事情"等一批与主题有关的材料，让幼儿通过探索材料，了解更多待人接物方面的知识和技能，同时通过主题活动让他们用这些知识和技能去帮助中、小班的弟弟妹妹，更好地实现大班幼儿的升班教育。

（四）家园合作特别投放

《纲要》在第三部分"组织与实施"中指出："家庭是幼儿园重要的合作

伙伴。应本着尊重、平等、合作的原则,争取家长的理解、支持和主动参与,并积极支持、帮助家长提高教育能力。"只凭借幼儿园一方之力很难让幼儿形成健全的人格,幼儿园只是社会的一个部分,教师可以引导幼儿在幼儿园教育范围内发展社会性,还有一些幼儿园不能完全涉及的地方,就需要家园配合,携手创造条件,让幼儿的社会性得到全面的发展。

根据《纲要》的精神,我们认为,在社会区材料投放方面,家长是重要支持者,家园达成一致的教育理念会让社会区活动达到事半功倍的效果。为此,我们努力实现家园共育,一方面利用家长资源设计更丰富、更全面的社会区材料,另一方面帮助家长解决家庭教育问题。如:教师在上下班坐地铁时发现,儿童有在地铁里嬉戏、打闹等不文明行为,为了让班上的幼儿通过探索社会区材料建立良好的行为规范,教师特别请教了在地铁公司上班的家长,家长也有同感,于是马上利用职业优势,收集了相关文字、图片资料,并结合教师的意见,自制了"地铁文明"材料。材料投放到社会区后,得到了幼儿的喜爱,班上的幼儿乘坐地铁时的行为文明多了。而社会区"茶道"材料则源于家长向教师请教怎样培养幼儿在家接待客人的礼仪,家长说起传统文化中客人进门,主人首先会泡茶款待这一话题,教师想到了中国的茶道,希望通过投放"茶道"材料,让幼儿了解中国文化,也学习文明礼貌行为。教师提出这一想法后,家长马上从家里拿来了茶具,经过教师加工后,成为适合幼儿操作的材料并投放到了社会区中。活动开展后,许多家长反馈,幼儿在家乐于给父母泡茶倒水,展示自己的这一新本领。家园合作投放材料既丰富了社会区材料的内容,也很好地帮助家长解决了家庭教育中的不足,促进了幼儿社会性的发展。

(五)记录反思再次投放

社会区材料的投放策略很重要,每次投放后的记录则是教师反思材料的合理性、科学性及材料与幼儿互动的有效性的依据。教师在完善社会区操作材料后,对材料进入社会区的原因要写明确,这样后续遇到此类问题,教师就可根据记录选择此材料来解决问题。对于撤出的材料也要记录清晰,分析其撤出社会区的原因,如果材料有设计或制作方面的问题,教师要对材料进行专门修改及完善后再打包整理,以备今后需要时可用。社会区材料的投放记录表格可由教师设计,用自己方便的方式记录;也可由幼儿园统一进行表格设计(见表1-3),这样便于幼儿园整体的管理。

表1-3 大班幼儿区域活动材料投放记录表

记录教师:

材料名称:

材料照片:

所属区域:

投入日期:

投入原因:

幼儿与材料互动的情况:

撤出日期:

撤出原因:

材料优点:

材料不足:

后期改进:

三、社会区材料预览

在社会区材料预览表(见表1-4)中,我们一共选择了48份材料,这些材料的呈现以材料的不同内容为板块，以目标层次的递进为排序方式，是按小、中、大班三个年龄段进行划分的。虽然在社会区材料预览中，我们按照小、中、大班的年龄段对材料进行了归类，但这只是给一线教师一个基本的依据，在实践活动中，由于每个幼儿的智力优势各不相同，发展速度千差万别，教师一定要根据幼儿的真实需要投放材料，以保证材料促进幼儿的社会性发展。

表 1-4 社会区材料预览表

班级序号	小班	中班	大班
1	表情娃娃	幼儿园里的活动	男女洗手间
2	幼儿园工作人员	礼貌用语	小主人
3	我幸福的一家	值日生	家庭安全我知道
4	功能室及其作用	紧急电话号码	消防物品
5	祖国妈妈	幼儿园场地	公共场所标志
6	儿童公园文明游客	各行各业	中国世界遗产
7	有秩序、不拥挤	医院看病	广式茶点
8	深圳景点	文房四宝	中国传统面点
9		国家和国花	国家国旗首都转盘
10		节日小书	各国货币
11		环保标志	奥运会与吉祥物
12		西餐礼仪	垃圾分类
13		深圳公园	地铁文明
14		中国民间艺术品	文明小读者
15		我认识的京剧人物	传统节日
16		民族服饰	少数民族节日

续表

班级序号	小班	中班	大班
17		世界各地工艺品	中国地方戏曲
18			不同字体书法
19			茶道
20			世界之最
21			中外画家与作品

第二章
社会区材料案例

本章节所介绍的社会区材料案例以深圳市莲花二村幼儿园在2014年出版的《幼儿园区域活动——环境创设与活动设计方法》一书中的"社会区材料"为基础，增加并丰富了相应的资料。在提供的案例中，教师以《纲要》中各年龄段的要求及《指南》各层次的目标为依据，提炼出不同年龄段社会区的教育目标以及相关的社会区材料体系。每一个案例聚焦于材料的设计思路、材料解读、材料的操作步骤、变化延伸及活动反思等方面。幼儿根据自己的兴趣和能力自主选择区域中的活动材料，通过主动性学习、操作性探究，积累丰富的社会经验。社会区材料案例的提供，不仅弥补了国内幼儿园目前社会区材料资源的不足，还打破了社会领域教学中常规性的以教师传授为主的模式，创造出了独具特色的幼儿个别化学习模式，对幼儿的学习与发展具有重要的意义。

第一节　小班社会区

本书中的小班社会区，呈现给读者的是一套相对成熟的适于小班幼儿的社会区材料案例，涉及材料内容的选择、材料的开发与制作、材料的投放技巧以及对幼儿的指导等内容，能够有效引领教师为小班幼儿设计、投放社会区材料，同时也为初入园的幼儿建立活动区常规打下了良好基础。

一、小班社会区设计思路

不同年龄阶段幼儿的社会性发展有其独特的规律，在设计小班社会区活动案例时，教师遵循小班幼儿社会性发展的规律和以具体形象思维为主的特点，案例内容的选择以人际交往与行为规范为主，活动内容都源于幼儿的生活，与幼儿的生活经验紧密相连；考虑到幼儿的社会性主要是在日常生活和游戏中通过观察和模仿潜移默化地发展起来的，社会区材料多以真实的场景、游戏的形式呈现在幼儿面前，每一份活动材料都涵盖社会领域的知识点及促进幼儿社会性发展的目标，形象逼真的操作性材料能够避免简单生硬的说教，使幼儿在操作性探究中获得社会性发展。

二、小班社会区活动导航

通过小班社会区导航图（见图2-1）可以看出，小班社会区注重人际关系、社会环境以及行为规范等方面的培养：在人际关系中，从认识自己到关注集体；在社会环境中，从了解自己的小家到了解身边的幼儿园，再到知道祖国妈妈的名称；在行为规范中，引导幼儿懂得初步的公共规则和交往规则。

从材料名称不难看出内容的层层递进关系，同时也对应地体现出社会领域中幼儿参与活动、与人交往的主动性、遵守社会行为规则等方面的培养目标。

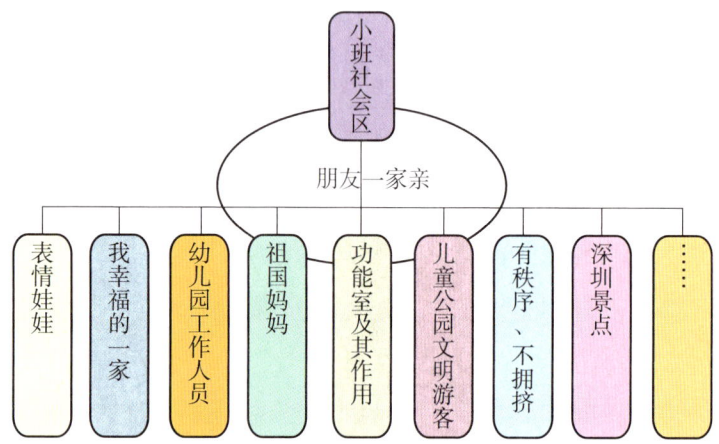

图 2-1 小班社会区导航图

三、小班社会区材料案例

案例 2-1

（1）活动名称：表情娃娃。

（2）活动目标：

①体验开心、伤心、生气、惊讶等多种情绪。

②了解不同表情所带来的情绪变化。

③提高情绪转换的能力。

（3）材料解读：

①用卡通娃娃的表情脸来引起幼儿的兴趣。

②用黄、橙、蓝、绿等鲜艳颜色的圆桶做成娃娃的身体。

③娃娃表情图卡能够自如地插进圆桶，以增强幼儿操作的兴趣。

（4）材料构成（见图2-2）：

①表情娃娃的头部4个，表情词圆桶4个。

②大托盘，小托盘，花形碗。

图 2-2　材料构成

（5）操作步骤：

①取出表情词圆桶，观察后将表情词圆桶摆成一排（见图2-3）。

图 2-3　摆放表情词圆桶

②从花形碗中取出形态各异的表情娃娃，边取边观察娃娃的不同表情（见图2-4）。

图 2-4　观察娃娃的表情

③将代表生气的橙色头发娃娃插入橙色"生气"的圆桶中，模仿一下"生气"时的表情（见图2-5）。

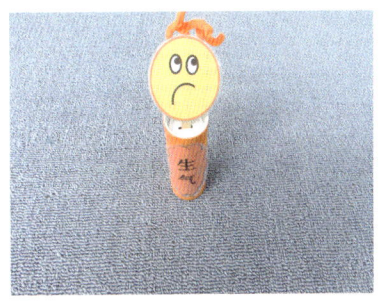

图 2-5　生气的表情

图 2-6 伤心的表情

④将代表伤心的蓝色头发娃娃插入蓝色"伤心"的圆桶中，模仿一下"伤心"时的表情（见图 2-6）。

图 2-7 惊讶的表情

⑤将代表惊讶的绿色头发娃娃插入绿色"惊讶"的圆桶中，模仿一下"惊讶"时的表情（见图 2-7）。

图 2-8 开心的表情

⑥依同样方法完成黄色头发的"开心"娃娃的操作，模仿"开心"时的表情（见图 2-8）。

图 2-9 再次说说各种表情

⑦操作完成后，指着不同娃娃再次说说各种表情（见图 2-9）。

（6）适宜年龄：3—4岁。

（7）错误控制：娃娃头发的颜色与圆桶（娃娃身体）的颜色相同。

（8）注意事项：教师要注意引导幼儿一边操作，一边说不同的情绪。

（9）变化延伸：

①可直接用表情娃娃配对表情词汇。

②可用发声的娃娃来表现不同的情绪。

③鼓励幼儿将不同的情绪表演出来，并拍照记录。

（10）活动反思：

①小班刚入园的幼儿对情绪的认知较为缺乏，设计此操作材料有利于帮助其管理自我情绪、掌握情绪转换的方法。

②在众多的情绪中，选用四种幼儿易懂的情绪来设计材料，素材恰到好处。

③当幼儿在操作过程中出现困难时，教师应及时引导其观察图片的画面特征与颜色暗示，尝试自我纠正。

案例 2-2

（1）活动名称：幼儿园工作人员。

（2）活动目标：

①萌发对幼儿园和幼儿园工作人员的热爱之情。

②了解幼儿园各岗位工作人员的称谓以及各自工作的场所。

③能说出幼儿园的工作人员与自己的关系。

（3）材料解读：

①这份材料主要以图卡呈现。

②图片中的角色都来自幼儿非常熟悉的幼儿园各岗位工作人员。

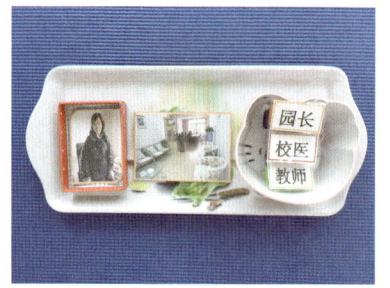

图 2-10　材料构成

（4）材料构成（见图 2-10）：

① 工作人员照片、工作场所图卡、工作人员称谓卡若干。

② 托盘，小篮筐。

图 2-11　排列工作人员照片

（5）操作步骤：

① 从托盘中逐一取出工作人员照片进行观察，说说照片中工作人员的称谓，然后把照片摆放到地毯上排列成一排（见图 2-11）。

图 2-12　取出称谓卡

② 取出工作人员称谓卡并散放在地毯上（见图 2-12）。

图 2-13　摆放工作场所图卡

③ 取出工作人员的工作场所图卡并摆放在地毯上（见图 2-13）。

④将工作人员的称谓卡与照片对应摆放（见图2-14）。

图2-14　将称谓卡对应照片摆放

⑤找到相关联的工作场所图卡对应摆放在照片和称谓卡下方（见图2-15）。

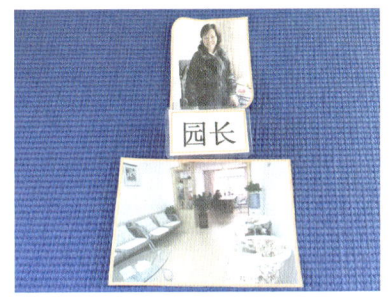

图2-15　摆放相关工作场所图卡

⑥依次对应摆放称谓卡、工作场所图卡及工作人员照片（见图2-16）。

图2-16　依次对应摆放

⑦为所有工作人员一一找到称谓卡及工作场所图卡，完成所有操作后再次说出每个工作人员的称谓及工作场所名称（见图2-17）。

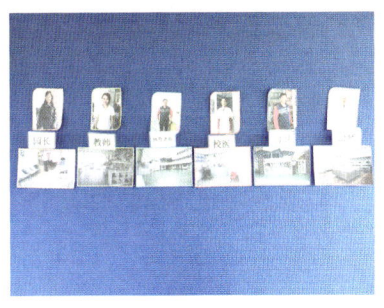

图2-17　操作完成再次讲述

（6）适宜年龄：3—4岁。

（7）错误控制：对应工作人员照片、称谓卡及工作场所图卡的边框颜色一致。

（8）注意事项：教师要注意引导幼儿细致操作，并在操作中说出工作场所所对应的工作人员。

（9）变化延伸：

①根据幼儿的兴趣和发展需要可以增添幼儿园工作人员的工作用品，如：体育老师——皮球、校医——听诊器、厨师——锅铲、门卫——警棍，等等。

②可投放工作人员和工作场所的记录单。

（10）活动反思：

①为了让小班幼儿更多地了解自己的幼儿园，提升在园的安全感，教师设计了"幼儿园工作人员"的操作材料。通过操作，幼儿了解了幼儿园的环境，熟悉了各部门工作人员的称谓及职业特点，又懂得了感恩成人的劳动。

②当幼儿在操作中举棋不定时，教师应该及时和幼儿共同回忆照片上工作人员的称谓，并说说照片上的工作人员在幼儿园是做什么的，帮助其完成操作。

③在后续的材料提供中，可逐步扩大"幼儿园工作人员"的岗位范围，增加可操作的材料内容，不断丰富幼儿对不同岗位的理解与认识。

案例 2-3

（1）活动名称：我幸福的一家。

（2）活动目标：

①萌发对家庭成员的喜爱和亲密感。

②了解家庭成员间的不同称谓。

③尝试辨别不同家庭成员的人物特点。

（3）材料解读：

①结合主题，操作卡选用暖色系作为底板的颜色，以传递家庭温暖的感觉。

②底板上的爱心与字卡上的爱心大小一致，字卡后有磁铁，可相互吸引，使材料立体化。

（4）材料构成（见图2-18）：

①小房子操作底板1张，配有人物头像的家庭人员称谓小爱心操作卡1套。

②爱心盒，爱心托盘。

图 2-18　材料构成

（5）操作步骤：

①从托盘中取出小房子操作底板，观察操作卡上的图片与文字，指读"我幸福的一家"（见图2-19）。

图 2-19　摆放小房子操作底板

②将小房子操作底板翻开，将爱心文字面朝前，两页呈45°夹角立放在地毯上（见图2-20）。

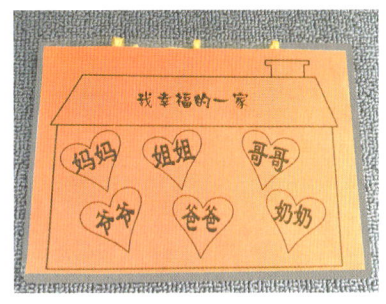

图 2-20　翻开操作卡

③打开爱心盒，将图文并茂的小爱心操作卡取出并散放在地毯上（见图2-21）。

图 2-21　散放小爱心操作卡

图 2-22 观察小爱心操作卡

④拿起一张小爱心操作卡,观察卡片上的图片人物形象,说出"妈妈"的称谓(见图 2-22)。

图 2-23 图文匹配

⑤观察立放的小房子操作底板中的爱心文字,找到与"妈妈"图片相对应的文字的位置(见图 2-23)。

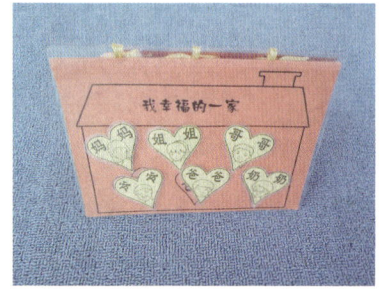

图 2-24 摆放不同的称谓卡

⑥用同样的方法将地毯上所有不同称谓的小爱心操作卡对应粘到小房子操作底板上(见图 2-24)。

图 2-25 再次指读

⑦操作完成后,按从左到右、从上到下的顺序,逐一指读所有的家庭成员称谓并进行检查(见图 2-25)。

(6)适合年龄：3—4岁。

(7)错误控制：小房子操作底板上的文字与家庭人员称谓小爱心操作卡上的文字一致。

(8)注意事项：

①材料中小爱心操作卡上的人物图案特征要明显，便于幼儿区分。

②小房子操作底板选用较厚实的纸张或过胶纸，这样小房子才能立起来。

(9)变化延伸：

①可增减底板与字卡的数量。

②分层次增加家庭成员称谓，如：爸爸的哥哥叫什么？

(10)活动反思：

①爱心托盘、爱心盒及爱心操作卡等材料的呈现，从外形上一下子就能吸引到小班幼儿，能够激发他们积极操作的兴趣和愿望。

②幼儿开始操作时会把握不好45°夹角摆放，教师及时引导并降低要求，只要能使两页呈现一座"小房子"的形状即可。

③在幼儿将小爱心操作卡上的文字与小房子操作底板上的文字对应时，教师应引导幼儿先观察小爱心操作卡上的人物外形特征，再说出正确称谓并进行图文匹配，以增加幼儿操作的乐趣。

案例2-4

(1)活动名称：功能室及其作用。

(2)活动目标：

①感受幼儿园环境的美，激发喜爱幼儿园的情感。

②了解幼儿园音乐厅、建构区等的基本用途。

③能在日常生活中正确运用不同的功能室。

(3)材料解读：

①选用幼儿在园日常活动的情境画面，引发幼儿的兴趣。

②提供的图片不宜过多，图片采用了拼图的形式。

图 2-26 材料构成

（4）材料构成（见图 2-26）：

①关于功能室环境与作用的小书，操作卡。

②托盘，小盒子。

图 2-27 翻阅小书

（5）操作步骤：

①从托盘中取出小书，逐页翻看内容（见图 2-27）。

图 2-28 观察功能室环境

②将功能室环境卡从托盘中取出，观察画面后摆放在地毯上（见图 2-28）。

图 2-29 摆放功能室环境卡

③将功能室的环境卡整齐摆放在地毯上（见图 2-29）。

④将功能室作用卡散放在地毯上（见图2-30）。

图2-30 散放功能室作用卡

⑤将功能室环境卡与作用卡对应拼图（见图2-31）。

图2-31 相关图片对应拼图

⑥依此方法，完成所有功能室环境卡与作用卡的拼图（见图2-32）。

图2-32 完成所有拼图

⑦拼图完成，逐一检查后与同伴分享（见图2-33）。

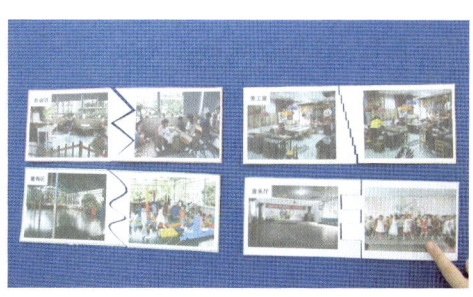

图2-33 逐一检查，分享成果

（6）适宜年龄：3—4岁。

（7）错误控制：每一组拼图有不同的线条接口，便于幼儿操作辨认。

（8）注意事项：操作中先引导幼儿理解图片中的内容，再摆放操作卡。

（9）变化延伸：

①可根据幼儿的能力适当增加功能室的数量。

②可增加难度，提供各个功能室具有代表性的活动器械或材料的图片，与前面两类图片进行配对。

（10）活动反思：

①"功能室及其作用"这个活动源于幼儿每天在幼儿园要经历的事情，通过对材料的操作，幼儿对幼儿园的功能室名称及其相关的功能有了一定的了解。

②教师引导幼儿先取出图片左上角有文字的图片摆放在左边，仔细观察图片及接口，再取出对应的图片摆放在右边进行拼接。

③因小班幼儿的辨识能力有限，图片最好选用本班幼儿活动场景，以便幼儿辨认，图片的数量根据幼儿的年龄特点来选择，不宜选择过多，否则容易造成幼儿注意力分散。

案例 2-5

（1）活动名称：祖国妈妈。

（2）活动目标：

①萌发热爱祖国妈妈的情感。

②了解我国的国旗、国徽，知道自己是中国人。

③懂得尊重国旗、国徽，升国旗、奏国歌时能自动站好。

（3）材料解读：

①给幼儿提供较大的操作卡片，以便幼儿取放。

②设计两种不同颜色、不同打开方式的小书，一本是阅读小书，一本是操作小书，增加趣味性。

（4）材料构成（见图 2-34）：

①祖国妈妈阅读小书，祖国妈妈操作小书，国旗、国徽等操作卡。

②托盘，小盒子。

图 2-34　材料构成

（5）操作步骤：

①从托盘中取出祖国妈妈阅读小书，逐页翻阅了解画面内容（见图 2-35）。

图 2-35　翻阅祖国妈妈阅读小书

②从盒子中取出操作卡，散放在小书旁的地毯上（见图 2-36）。

图 2-36　散放操作卡

③拿起国徽的操作，对应小书图案认识国徽，以同样的方法认识国旗、中国地图、天安门（见图 2-37）。

图 2-37　认识国徽

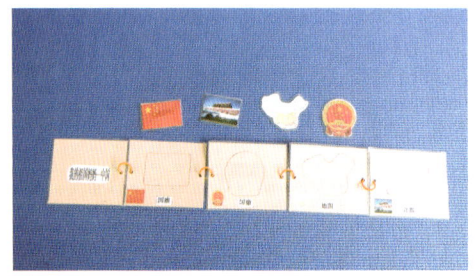

图 2-38　观察小书底板形状

④打开操作小书,观察书中各种画面的形状(见图 2-38)。

图 2-39　对应摆放操作卡

⑤将国旗、国徽、中国地图及天安门的操作卡摆放在小书对应的位置上(见图 2-39)。

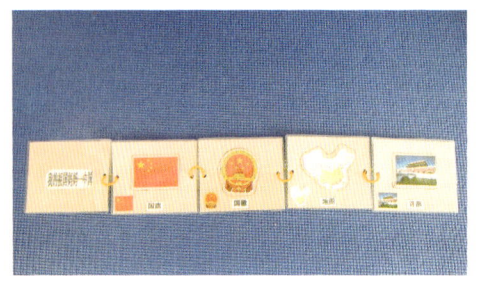

图 2-40　完成小书操作

⑥完成祖国妈妈小书的操作(见图 2-40)。

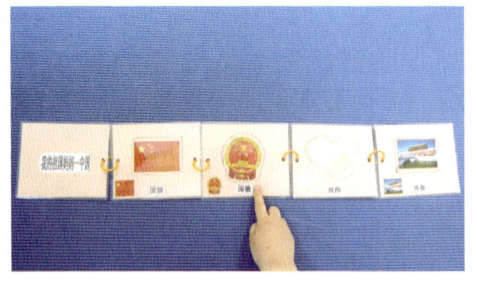

图 2-41　逐一认读检查

⑦指读完整的祖国妈妈小书,并检查操作卡是否摆放正确(见图 2-41)。

（6）适宜年龄：3—4岁。

（7）错误控制：操作小书每页的左下角都有对应的参照图片。

（8）注意事项：教师要注意引导幼儿一边说一边操作。

（9）变化延伸：

①增加国歌、长城等操作卡。

②投放记录单。

（10）活动反思：

①在操作中幼儿对阅读小书和操作小书都很感兴趣，愿意主动阅读与探究。

②通过观察幼儿操作，发现有的幼儿翻阅小书、取放操作卡的动作不是很协调，手指灵活性还有待加强，教师应该及时提醒幼儿轻拿轻翻，使幼儿形成良好的习惯，并促进其小肌肉的发展。

③针对部分幼儿不能将操作卡与祖国妈妈的底板图片正确对应的情况，教师应在后续材料的开发中设计一个标记，引导幼儿按照先看小书，后观察底板上的形状，再将正确的图片摆放到相应位置的顺序进行操作。

案例 2-6

（1）活动名称：儿童公园文明游客。

（2）活动目标：

①萌发热爱生活的美好愿望。

②提高明辨是非的能力。

③增强公共场合的规则意识，养成良好的文明习惯。

（3）材料解读：

①儿童公园文明游客转盘配有匹配的图片和文字。

②对应文字和图片用不同颜色的爱心作为错误控制的提示。

图 2-42　材料构成

（4）材料构成（见图 2-42）：

①儿童公园文明游客转盘 1 个；文明做法图卡多张，每张图卡后面粘有魔术贴。

②大托盘 1 个，装图卡小盒 1 个。

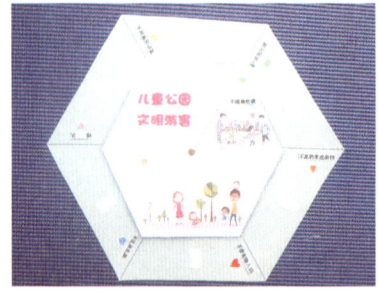

图 2-43　取出转盘

（5）操作步骤：

①从托盘中取出转盘摆在地毯中间（见图 2-43）。

图 2-44　转动转盘了解画面

②转动转盘观察画面内容，了解儿童公园里文明游客应该如何做（见图 2-44）。

图 2-45　散放图卡

③从托盘中取出图卡，观察画面内容后将图卡散放在地毯上（见图 2-45）。

④旋转儿童公园文明游客转盘，指读其中内容"爱护花草树木"，找到对应的图卡粘贴到相应的转盘中（见图2-46）。

图 2-46　图卡配对

⑤按顺时针方向继续转动转盘，依照转盘中的不同内容，在地毯上找到相对应的图卡粘贴到转盘中的对应位置（见图2-47）。

图 2-47　依次完成配对

⑥按上述方法依次完成所有操作（见图2-48）。

图 2-48　完成图卡操作

⑦操作完成后，再次转动转盘说一说儿童公园文明游客应该如何做（见图2-49）。

图 2-49　看一看，说一说

（6）适合年龄：3—4岁。

（7）错误控制：相应的图卡贴上相同颜色的爱心。

（8）注意事项：在操作中需要注意把底板与中间转盘缺口的分割线对整齐。

（9）变化延伸：活动内容可变换为地铁上的文明乘客、飞机上的文明乘客等。

（10）活动反思：

①小班时期是儿童良好行为习惯养成的关键时期，幼儿通过此材料的操作不仅增强了规则意识，还懂得了在公共场合需要遵守的规则。

②在操作的过程中有个别幼儿的手指肌肉发育不够，转动转盘不能完全到位，教师应及时示范，帮助幼儿掌握转动转盘的技巧。

③在图卡对应的过程中，因提供的图片过小、内容过多，会出现个别幼儿不能将图片与字卡正确对应的情况，今后可将材料中的图片放大一些，以便幼儿观察。

案例 2-7

（1）活动名称：有秩序、不拥挤。

（2）活动目标：

①了解公共场所的活动规则，增强规则意识。

②懂得在公共场所有秩序、不拥挤的重要性。

③能正确区分各种做法的对与错，提高辨别事物的能力。

（3）材料解读：

①选择本班幼儿的照片制作操作材料，能提高幼儿的兴趣。

②提供便于幼儿操作的透明卡座，使卡片和图片立体化，便于幼儿取放。

③材料的选材来源于幼儿的日常生活，幼儿在操作时容易理解。

（4）材料构成（见图2-50）：

①操作底板，正确和错误的符号标志。

②托盘，操作卡，小盒子。

图2-50 材料构成

（5）操作步骤：

①从托盘中取出操作底板，说说"√"和"×"代表的含义（见图2-51）。

图2-51 取出操作底板

②取出正确和错误的标志操作卡，说说各自代表的含义（见图2-52）。

图2-52 取出正确和错误的标志

③将正确和错误的标志摆放到底板上相应的位置（见图2-53）。

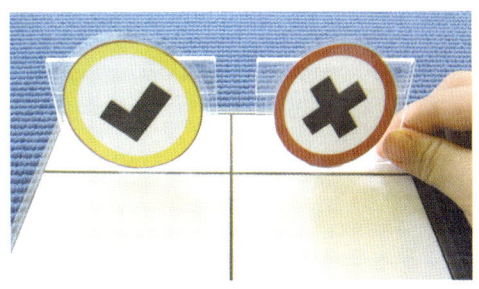

图2-53 把标志摆放到底板上

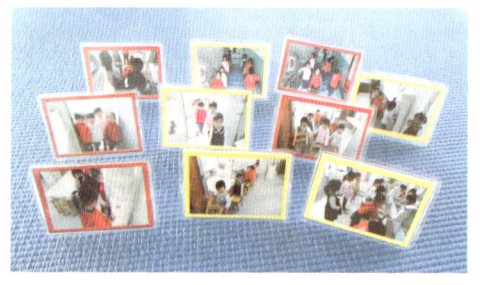

图 2-54　散放操作卡

④将操作卡取出，观察画面内容后将其散放到地毯上（见图 2-54）。

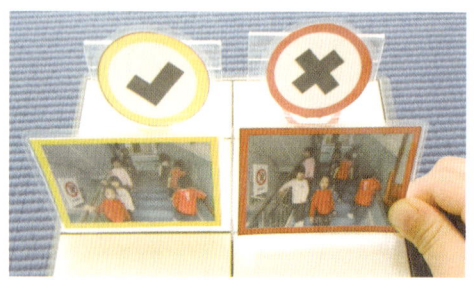

图 2-55　正确摆放操作卡

⑤将正确做法的图片摆放在"√"的位置，将错误做法的图片摆放在"×"的位置（见图 2-55）。

图 2-56　完成其他操作

⑥依此方法，完成所有操作卡的分类摆放（见图 2-56）。

图 2-57　说说正确做法

⑦完成操作后逐一检查，并说说正确的做法（见图 2-57）。

(6)适宜年龄:3—4岁。

(7)错误控制:正确标志和错误标志的颜色与操作卡的颜色一致。

(8)注意事项:

①"错误做法"与"正确做法"容易混淆,提醒幼儿观察操作卡边框颜色。

②重点引导幼儿讲述正确做法。

(9)变化延伸:

①日常生活中不做危险的事情,懂得保护自己。

②争当"安全小卫士",提醒身边的人注意安全。

(10)活动反思:

①在操作过程中,教师引导幼儿先仔细认真观察每张图片,想想这样的做法是否正确、怎样做才是正确的,再进行配对,以增加幼儿操作的乐趣。

②根据幼儿的年龄特点来投放图片,不宜过多,否则容易造成幼儿注意力分散。

③基于小班幼儿的年龄特点,尽可能使后续材料的画面清晰易懂,便于幼儿操作。

案例 2-8

(1)活动名称:深圳景点。

(2)活动目标:

①激发热爱深圳的情感。

②初步了解深圳具有代表性的游玩景点。

③能说出自己去过的深圳游玩景点。

(3)材料解读:

①选用五张复古书签订制成一本可旋转的画册,激发幼儿的兴趣。

②制作五张景点底板卡。

③打印彩色的深圳具有代表性的景点标志图卡,每个景点配两张图卡。

图 2-58　材料构成

（4）材料构成（见图 2-58）：

①一本可旋转的《深圳景点》画册，画册中有深圳的五大景点（野生动物园、海洋世界、世界之窗、东部华侨城、欢乐谷），配上与画册中一致的深圳景点图卡、底卡。

②托盘，装图卡的礼品盒子。

图 2-59　取出景点画册

（5）操作步骤：

①从托盘中取出景点画册，说说封面内容（见图 2-59）。

图 2-60　展开景点画册

②将景点画册旋转展开，逐一欣赏画面（见图 2-60）。

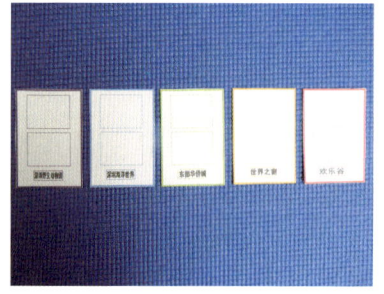

图 2-61　将景点底卡一字排开

③取出五张底卡，观察后将景点底卡在地毯上一字排开（见图 2-61）。

④取出所有深圳景点图卡,观察画面内容后散放在地毯上(见图2-62)。

图 2-62　观察景点图卡

⑤将景点图卡一一对应放入排列好的底卡里(见图2-63)。

图 2-63　景点图卡对应底卡

⑥依次完成图片对应摆放(见图2-64)。

图 2-64　依次完成图片摆放

⑦再次取出旋转画册,对照画册检查认读,巩固加深对深圳景点的认识(见图2-65)。

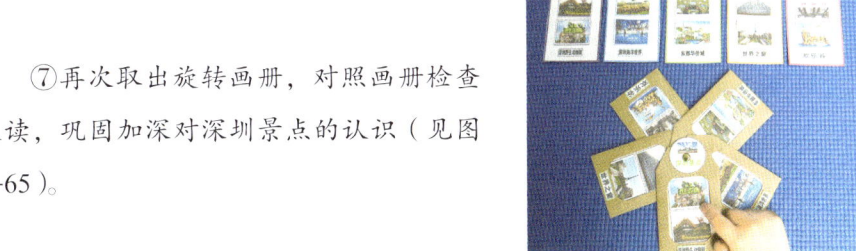

图 2-65　对照画册检查认读

（6）适宜年龄：3—4岁。

（7）错误控制：旋转画册上五个景点和底板操作卡的数量相同，底板操作卡的边框颜色和对应的景点图卡边框的颜色一致。

（8）注意事项：幼儿操作材料后，教师注意引导幼儿说出深圳的五大景点。

（9）变化延伸：

①可将深圳娱乐性的景点制作成明信片，以加强巩固操作。可将制作好的明信片赠送给朋友。

②根据幼儿的发展需要，可将深圳景点改成深圳文化机构，如音乐厅、博物馆、美术馆等。

③投放匹配的深圳景点记录单。

（10）活动反思：

①小班幼儿年龄小，记忆力与专注力不够，为了让操作更为有序，教师应该把握好投放景点的内容以及景点的数量，过多的景点会给操作带来阻力。

②在转动旋转画册的过程中，尽量避免漏转或者重复转的情况，发现问题后教师要及时进行引导。

③为了加深幼儿对深圳景点的印象，建议家长周末带幼儿到实地游玩，将了解到的景点信息用拍照或打印图片的方式记录下来，为后续材料的调整做准备。

第二节　中班社会区

中班社会区材料是从深圳市莲花二村幼儿园十七年区域探索成果的精华中选取的。为了让社会区材料更能体现出《纲要》中提出的"爱父母长辈、老师同伴、爱集体、爱家乡、爱祖国"的目标，教师在筛选时，特别选取了一些有中国文化特色的材料，如"文房四宝""国家和国花""中国民间艺术品"等。这些具有中国特色与本土特色的材料的提供，有利于中国文化的传承，能更好地促进幼儿的发展。合理投放中班社会区材料也使小班材料和中班材料之间有机衔接，在活动目标、活动内容、知识结构等方面起到承上启下的作用。

一、中班社会区设计思路

经过小班一年的学习，中班年龄段的幼儿在社会性发展中又表现出不同的特征：在交往方面，随着语言表达能力的增强，他们不再满足于自己玩，经常会主动寻找同伴共同游戏，但是由于还没有很好地建立社会行为规则，面对同伴间的冲突经常会表现出不知所措，最后请求教师解决；在思维方面，随着动手能力的增强，他们具备了一定的创新意识，喜欢探究未知的知识，经常会提出奇特的想法，基于此阶段幼儿的特征，教师选择材料内容时把人际关系和行为规范作为重点，以培养幼儿良好的社会适应能力，同时还添加了相关的社会文化方面的内容，包括人文景观、民间节日、世界文化等，满足了幼儿的好奇心和探究欲望。中班社会区材料的提供，既做到了尊重幼儿的年龄特点，符合幼儿的发展规律，又使幼儿提高了人际交往技能，增强了爱国主义情感。

二、中班社会区活动导航

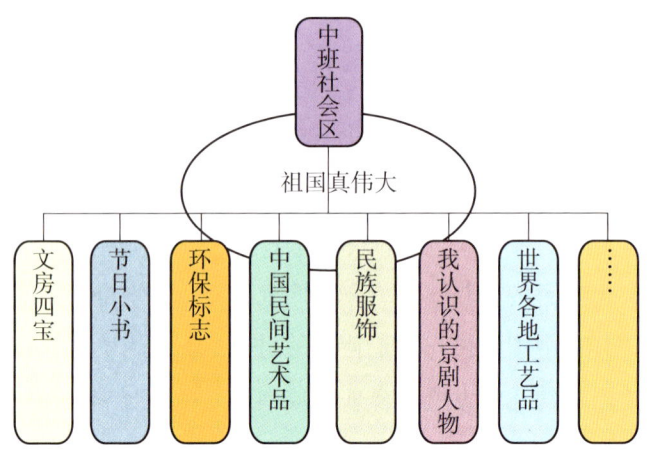

图 2-66 中班社会区导航图

从图 2-66 可以看出，材料的内容涉及了人际关系、社会环境、行为规范、社会文化等方面，教师侧重于人际关系及社会环境方面，充分体现出中班阶段是幼儿社会性发展关键期的特点。幼儿在操作社会区材料的过程中，不仅懂得了如何与同伴友好相处，提高了人际交往能力，发展了自信和自尊，还习得了社会行为规范，形成了基本的认同感和归属感。

三、中班社会区材料案例

案例 2-9

（1）活动名称：幼儿园里的活动。
（2）活动目标：
①乐意参与幼儿园里的各项活动。
②了解自己所在的幼儿园每天的主要活动安排。

③能用自己的语言说出幼儿园的各项活动。

（3）材料解读：

①自制打印的彩色的幼儿园图卡，图卡背后粘贴上支架以便竖立。

②配上幼儿园各项主要活动的图卡和相对应的活动的文字卡，图文卡背后有小磁铁可直接粘贴。

（4）材料构成（见图2-67）：

①"幼儿园里的活动"操作底板，幼儿园各项主要活动名称卡。

②托盘，小盒子，小篮筐。

图 2-67　材料构成

（5）操作步骤：

①取出"幼儿园里的活动"操作板，将后面的支架打开后竖立摆放（见图2-68）。

图 2-68　取出立体图卡

②取出"早操活动"等幼儿园活动名称卡散放在地毯上（见图2-69）。

图 2-69　取出活动名称卡

图 2-70 对应粘贴活动名称图卡

③将"早操活动"名称图卡粘贴到背景图"早操活动"文字的下方(见图 2-70)。

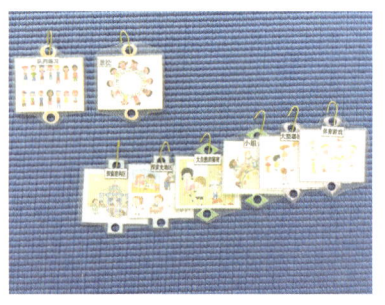

图 2-71 取出活动内容图卡

④取出幼儿园里所有的活动内容图卡散放在地毯上(见图 2-71)。

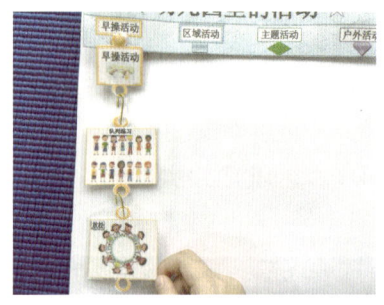

图 2-72 摆放"早操活动"内容图卡

⑤找到早操活动内容图卡"队列练习""放松",有序摆放在"早操活动"名称卡的下方(见图 2-72)。

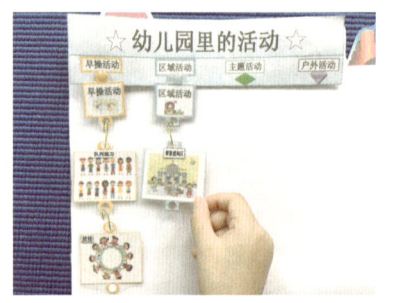

图 2-73 依次对应摆放图卡

⑥继续将活动名称卡、活动内容图卡依次对应摆放,观察完成的一组图卡并说说图卡中的活动(见图 2-73)。

⑦方法同上,逐一完成所有操作,说一说幼儿园里的各项活动(见图2-74)。

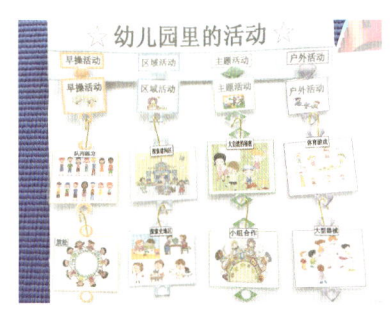

图 2-74 逐一完成各项活动

(6)适宜年龄:4—5岁。

(7)错误控制:字卡与图卡的图形颜色标记点一致,每一张小图卡的连接处的形状和颜色也都一致。

(8)注意事项:教师注意引导幼儿认真观察图卡上的图和连接处的形状是否一致。

(9)变化延伸:

①可制作一个微景观的幼儿园,将各项活动在微景观里立体呈现。

②可根据幼儿园里的各项活动情况或幼儿的发展情况进行调整或增减活动内容。

③投放"幼儿园里的活动"记录单。

(10)活动反思:

①幼儿园是幼儿成长过程中的一个重要的社会场所。中班幼儿已经来幼儿园一年多了,完全适应并喜欢上了幼儿园的集体生活。此份材料的投放旨在让幼儿更加深入地了解幼儿园里的各项活动与自己的关系,加深对亲身经历的事物的印象。

②此份材料在中班上学期投放,教师发现因为投放的图卡和文字卡数量过多,刚上中班的幼儿操作起来有点难度,需要在教师的引导下完成。教师需要根据不同幼儿的发展水平灵活调整材料数量,如增减幼儿园里的各项活动内容图卡和字卡等。

案例 2-10

（1）活动名称：礼貌用语。

（2）活动目标：

①养成使用文明礼貌用语的良好习惯。

②熟悉在几种常见情境中的礼貌用语。

③提高观察、分析、理解图片的能力。

（3）材料解读：

①操作卡上的图片选取幼儿常见场景：帮助抬苹果、向同伴道歉、同伴见面及与朋友道别。

②操作卡分两层，上下两张图片一致，上层图片从中间裁开，可以往左右两边翻开。

图 2-75 材料构成

（4）材料构成（见图 2-75）：

①礼貌用语操作卡 4 张。

②托盘。

图 2-76 散放操作卡

（5）操作步骤：

①将礼貌用语操作卡从托盘中取出，散放在地毯上（见图 2-76）。

②拿起任意一张操作卡，观察卡片中的情境画面（见图2-77）。

图2-77 观察操作卡

③按以上方法，逐一观察操作卡后将其整齐地排列在地毯上（见图2-78）。

图2-78 排列操作卡

④将操作卡从中间的缝隙向左右两边翻开，出现与图片相应的礼貌用语文字并指读（见图2-79）。

图2-79 左右翻开操作卡

⑤按以上方法逐一翻开其余三张情境操作卡，分别指读不同的礼貌用语对话（见图2-80）。

图2-80 逐一翻开全部操作卡

图 2-81　用礼貌用语对话

⑥操作完成后,再次进行完整礼貌用语对话(见图 2-81)。

图 2-82　整理材料

⑦将操作卡从左右两边合拢,并逐一将其整理到托盘中(见图 2-82)。

(6)适合年龄:4—5 岁。

(7)错误控制:操作卡中的情境图与文字相匹配。

(8)注意事项:

①操作卡中出现的文字采用正规的黑体或宋体字,便于幼儿辨识。

②操作卡中的缝隙不必过小,适当的宽度有利于幼儿观察及操作。

(9)变化延伸:

①可设计春节吉祥语。

②可替换为不同的节日祝福语。

(10)活动反思:

①培养幼儿良好的文明行为及习惯,是《指南》社会领域中对幼儿的基本培养目标,而礼貌用语在幼儿的生活场景中十分常见,"你好!""谢谢!"等更是每天都能用到。本材料主题源于幼儿的生活经验场景,选取了幼儿常

见并容易理解的四种常见情境，让幼儿学习相应的礼貌对话，促进幼儿的语言及社会性发展。

②材料设计巧妙，利用相同的双层图案层叠，上层翻开后仍然显示图案，同时两侧出现相应的礼貌对话。在操作过程中，教师应引导幼儿先观察图案场景，再学习正确的礼貌对话，同时鼓励幼儿说出该对话还可以应用于什么类似的场景中，以促进幼儿在社会交往过程中运用语言的能力。

案例 2-11

（1）活动名称：值日生。

（2）活动目标：

①萌发为集体、为同伴服务的美好愿望。

②了解值日生的具体工作。

③增强自我服务和服务他人的能力。

（3）材料解读：

①小天使的工艺品能够引发幼儿的操作兴趣，三个铁制的便签夹能够夹不同的卡片，底座上的爱心珠卡槽可以放操作卡。

②带有不同颜色边框的值日生称号卡以及不同颜色边框的值日生任务卡。

（4）材料构成（见图 2-83）：

①小天使便签夹，值日生称号卡，值日生任务卡。

②蕾丝筐，夹卡片的爱心夹子。

图 2-83　材料构成

(5) 操作步骤：

① 取3个小天使便签夹分别摆在地毯中间（见图2-84）。

图 2-84　摆放便签夹

② 取值日生称号卡、任务卡散放在地毯上（见图2-85）。

图 2-85　散放称号卡和任务卡

③ 取"自然小园丁"称号卡，放到爱心卡槽里（见图2-86）。

图 2-86　将称号卡放入卡槽

④ 根据"自然小园丁"称号卡的内容找到需要完成的任务卡，将任务卡插到天使夹子上（见图2-87）。

图 2-87　找出相应的任务卡

⑤依次完成自然小园丁需要完成的任务卡（见图2-88）。

图2-88 完成任务卡

⑥依此方法完成其他任务卡的操作（见图2-89）。

图2-89 完成其他任务卡的操作

⑦再说一说值日生需要完成的工作（见图2-90）。

图2-90 说说值日生的工作

（6）适合年龄：4—5岁。

（7）错误控制：称号卡边框、任务卡边框与天使便签夹底座边框的颜色一致。

（8）注意事项：

①天使便签夹上有控制人数的点，当天值日的幼儿自主选择工作任务，并将姓名夹夹到便签夹上。

②教师要事先尝试小夹子的松紧程度，如果过紧，可以在材料投放前进行调试，以便于幼儿操作。

（9）变化延伸：

①当幼儿熟悉操作方法后，可以运用此方法在班级中全面开展值日生的活动。

②教师根据班级幼儿能力的高低适当减少或增加值日生工作的内容。

（10）活动反思：

①这份活动操作材料基于中班幼儿的生活能力已得到较好的发展，且社会性发展到一定程度，是为中班幼儿在日常生活中学习为他人服务，成为真正的值日生而设计的。因此，材料要在班级开展值日生工作之前或开展初期投放，这样才更有意义。

②在幼儿操作这份材料时，教师一定要关注幼儿是否正确地理解不同值日生岗位的职责内容。在幼儿正确操作材料后，教师还应该通过提问——"你为什么认为这个岗位需要做这些事情？"——让他们真正理解各岗位的服务内容，为他们以后在生活中更好地完成值日生工作打下基础。

案例 2-12

（1）活动名称：紧急电话号码。

（2）活动目标：

①增强应对突发事件的危机意识。

②了解特殊电话号码"120""119""110"的功能。

③尝试根据具体情况拨打相应的电话。

（3）材料解读：

①选用色彩亮丽、带声响的电话引起幼儿的兴趣。

②特殊电话号码本上配有相应的图片，以帮助幼儿分析、判断。

(4)材料构成(见图2-91):

①带声响的玩具电话,1本特殊电话号码本。

②托盘。

图2-91 材料构成

(5)操作步骤:

①从托盘中取出座机电话进行观察(见图2-92)。

图2-92 观察电话

②尝试拨数字号码,聆听拨键的声音,感受打电话的乐趣(见图2-93)。

图2-93 尝试拨打电话

③取出紧急电话号码本,观察封面,读一读名称,说一说图中发生了什么(见图2-94)。

图2-94 取出紧急电话号码本

图 2-95　认识紧急电话号码

④翻开紧急电话号码本,观察画面并指读紧急号码(见图 2-95)。

图 2-96　拨打急救电话

⑤翻开急救电话,说一说图中发生了什么,知道急救电话并拨打电话号码 120(见图 2-96)。

图 2-97　拨打火警电话

⑥翻开火警电话,说一说图中发生了什么,知道火警电话并拨打电话号码 119(见图 2-97)。

图 2-98　拨打报警电话

⑦翻开报警电话,说一说图中发生了什么,拨打报警电话号码 110(见图 2-98),完成所有操作。

（6）适宜年龄：4—5岁。

（7）错误控制：电话号码数字。

（8）注意事项：教师应注意引导幼儿一边操作一边讲述。

（9）变化延伸：

①可将特殊号码本换成班上小朋友的通讯录。

②可结合情境性的表演，练习完整地描述发生的事件。

③拨打家人的电话。

（10）活动反思：

①现代生活中人们大多使用手机，很少用座机，把色彩鲜艳、带声响的座机电话给孩子们操作，大大增强了幼儿的探索兴趣。

②在操作的过程中，需要老师引导讲述图中描绘的场景，帮助幼儿进一步理解特殊电话号码所代表的不同意义。

③教师需要引导幼儿懂得在什么情况下才能使用特殊电话号码，在拨打特殊电话时一定要向对方讲清楚报警的详细地点、发生了什么事情，特殊电话最好由成人拨打。

案例 2-13

（1）活动名称：幼儿园场地。

（2）活动目标：

①激发热爱幼儿园的情感。

②了解幼儿园各活动场地的功能。

③提高在不同户外场所游戏时的自我保护能力。

（3）材料解读：

①选用可旋转的柱状筒引起幼儿操作的兴趣。

②可旋转的柱状筒中呈现出来的图片都来自一周活动的户外场地。

图 2-99　材料构成

（4）材料构成（见图 2-99）：

①标有星期一到星期五的柱状筒。

②户外场地图片，一周的户外场地安排。

③托盘、大盒子和小盒子。

图 2-100　旋转柱状筒并观察

（5）操作步骤：

①从托盘中拿出柱状筒，尝试旋转它并说出星期几（见图 2-100）。

图 2-101　取出活动场地图片

②取出小盒中的卡片，观察图片并说说场地名称（见图 2-101）。

图 2-102　认识各场地名称

③依次将盒中所有图片摆放在地毯上，说一说各场地名称（见图 2-102）。

④取出户外场地安排表,说说自己班级星期一到星期五的户外活动场地名称(见图2-103)。

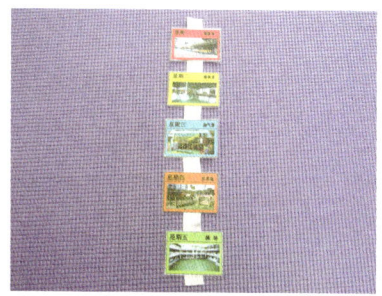

图2-103 摆放一周户外场地图

⑤在每一天的户外活动安排表旁边对应摆放相应的户外活动场地图片(见图2-104)。

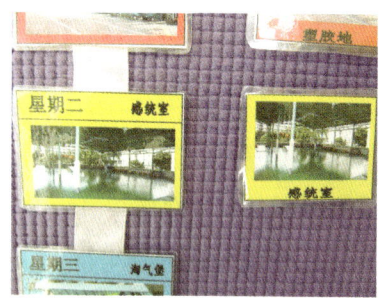

图2-104 将场地与安排表配对

⑥将匹配好的活动场地图片对应粘贴到柱状筒时间下方(见图2-105)。

图2-105 粘贴活动场地图片

⑦转动柱状筒,说出自己班级星期一到星期五的户外活动(见图2-106)。

图2-106 一周的活动场地

（6）适宜年龄：4—5岁。

（7）错误控制：相关内容图片的底色为相同颜色，如星期一字卡与星期一的场地、塑胶地的底色都是红色。

（8）注意事项：教师应注意引导幼儿一边说一边操作，感受时间的流动。

（9）变化延伸：

①可换成其他班的幼儿园活动场地。

②说说在各场地玩过的户外游戏。

③重点了解一个户外活动场地的器械及其功能。

（10）活动反思：

①设计此份材料的主要意图是通过柱状筒这个载体，熟悉星期一到星期五的活动场地，在转动中感受时间的流动和轮回。

②当幼儿在操作中用力过大或者漏转时，教师应该及时做出回应，和幼儿共同操作材料，帮助其顺利完成操作。

③在幼儿将场地安排表与活动图匹配的过程中，教师要及时提醒幼儿进行自我修正与检查，以免影响后面的操作。

案例2-14

（1）活动名称：各行各业。

（2）活动目标：

①理解劳动的艰辛，激发对劳动者尊敬的情感。

②了解各种职业及其工作内容。

③能说出生活中常见的职业名称，如医生、工人、消防员、厨师等。

（3）材料解读：

①嵌板底板是与职业相对应的工作场景。

②职业的人物特征以拼图的形式出现，能够引发幼儿的探索兴趣。

（4）材料构成（见图2-107）：

①带凹槽嵌入式的工作场景底板，工作人员拼图嵌板，职业名称字卡。

②托盘，小花篮框。

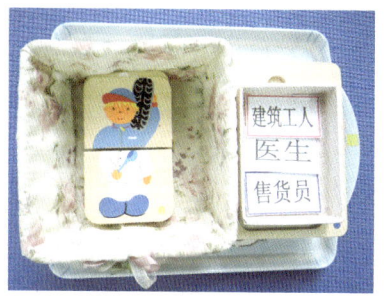

图2-107 材料构成

（5）操作步骤：

①取出工作场景底板进行观察，并将其整齐地排列在地毯上（见图2-108）。

图2-108 摆放工作场景底板

②逐一取出能够代表不同职业工作人员形象的拼图嵌板（见图2-109）。

图2-109 取出拼图嵌板

③为工作人员拼图嵌板找到匹配的工作场景底板（见图2-110）。

图2-110 匹配摆放拼图嵌板

图 2-111　将拼图嵌板嵌入底板

④将工作人员拼图嵌板对应摆放在工作场景底板上（见图 2-111）。

图 2-112　将拼图嵌板逐一嵌入底板

⑤将工作人员拼图嵌板逐一嵌入相应工作场景的底板（见图 2-112）。

图 2-113　摆放职业名称字卡

⑥取出职业名称字卡摆放在地毯上（见图 2-113）。

图 2-114　将字卡摆放在拼图嵌板下方

⑦将职业名称字卡逐一对应放在工作人员拼图嵌板下方（见图 2-114）。

（6）适宜年龄：4—5岁。

（7）错误控制：工作场景底板、工作人员拼图嵌板以及职业名称字卡的颜色一致。

（8）注意事项：在幼儿的操作过程中，教师应注意引导幼儿说出自己知道的职业。

（9）变化延伸：

①可增添其他职业的工作人员。

②可在娃娃家投放各种职业的服装。

③投放"各行各业"的记录单。

（10）活动反思：

①在幼儿操作的过程中，教师应引导幼儿先仔细观察各职业工作人员的服装特点，再进行拼图。

②教师要引导幼儿边操作边说一说每一种职业具体的工作。

③因操作的步骤较多，教师应该根据班级幼儿的实际发展情况对职业数量进行适当的增减，避免因材料的操作难度过高导致幼儿失去操作的兴趣。

案例 2-15

（1）活动名称：医院看病。

（2）活动目标：

①体谅医生工作的辛苦，萌发尊敬医生的情感。

②了解医院不同科室的服务对象与功能。

③生病时不害怕看医生，能根据身体状况选择不同的科室看病。

（3）材料解读：

①提供的图片不超过6张，选择幼儿比较熟悉的病情设计出材料。

②选用比较写实的图片帮助幼儿理解，出现不同的身体状况应该在不同科室就诊，选择的医院科室图片要形象，便于幼儿辨认。

③设计了楼层式的折叠小书，每一层楼是一个对应的科室，以增强幼儿操作的兴趣。

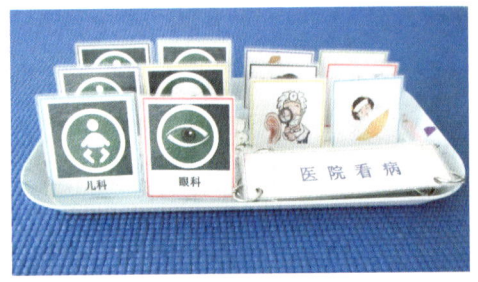

图 2-115　材料构成

（4）材料构成（见图 2-115）：

①出现不同身体状况的病人图片，医院各科室图片，看病小书。

②托盘，小盒子。

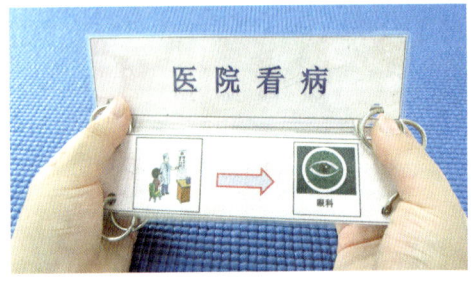

图 2-116　翻阅看病小书

（5）操作步骤：

①从托盘中取出看病小书认真阅读，了解身体不同状况与对应科室的图片（见图 2-116）。

图 2-117　散放病人图片

②从托盘中取出各种病人图片，散放在地毯上（见图 2-117）。

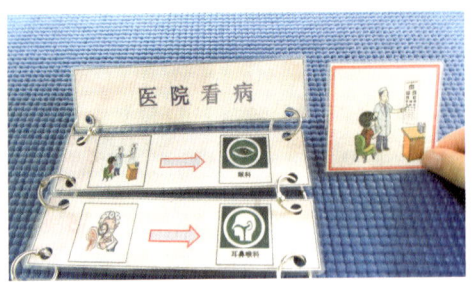

图 2-118　摆放病人图片

③观察图片中不同病人的疾病特征，将病人图片对应摆放在看病小书旁边（见图 2-118）。

④从托盘中取出医院各个科室的图片，散放在地毯上（见图2-119）。

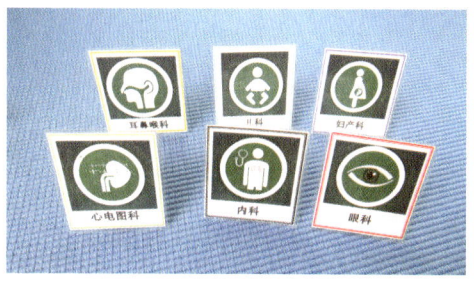

图 2-119　散放医院各科室图片

⑤根据不同病人图片，找到治疗疾病的相应科室图片，将看病小书、病人图片及就诊科室图片摆放在一起（见图2-120）。

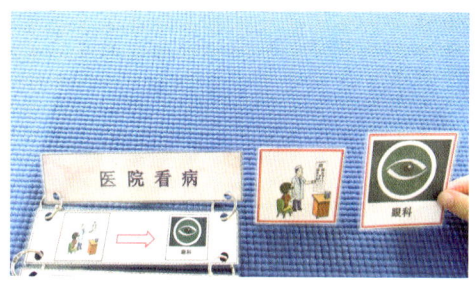

图 2-120　找到就诊科室并配对

⑥依此方法将所有图片对应摆放好（见图2-121）。

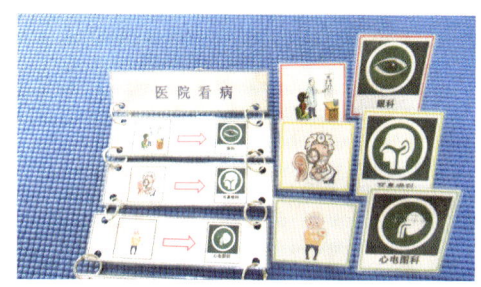

图 2-121　依次完成操作

⑦完成操作后，参照看病小书检查配对是否一致，看图片说说生病了该找谁看病（见图2-122）。

图 2-122　说说生病了该怎么办

（6）适宜年龄：4—5 岁。

（7）错误控制：病人图片与医院科室图片边框的颜色一致。

（8）注意事项：操作中对于幼儿不太熟悉的科室，教师应给予指导。

（9）变化延伸：

①可增加一些科室的图片。

②可加入医院的场景。

③投放"医院看病"的记录单。

（10）活动反思：

①幼儿都有到医院看病的生活经验，此份材料的内容源自生活，幼儿容易接受并产生共鸣。

②在幼儿的操作过程中，教师可重点引导幼儿反复观察病人图片及不同科室图片的特征，结合自身已有的生活经验，在操作中做出正确的选择。

③鼓励幼儿完成操作后讲述获得的经验，将新的经验合理运用到日常生活中。

案例2-16

（1）活动名称：文房四宝。

（2）活动目标：

①萌发探索中国传统"文房四宝"的愿望。

②了解我国古代的"文房四宝"的名称及用途。

③能够准确地表述"文房四宝"的名称。

（3）材料解读：

①用生活中的实物，直观地引起幼儿的兴趣。

②卡片的边框用具有中国风格的边框。

（4）材料构成（见图2-123）：

①实物笔、墨、纸、砚和笔架。

②笔、墨、纸、砚的图卡和字卡，"文

图2-123　材料构成

房四宝"的字卡。

③托盘，小长盒，皮筋，小袋子。

（5）操作步骤：

①从托盘中取出砚台，感知其形状并观察上面的图案（见图2-124）。

图2-124　感知砚台的形状

②将笔架取出，认识大小不一的毛笔，将毛笔放到笔架上（见图2-125）。

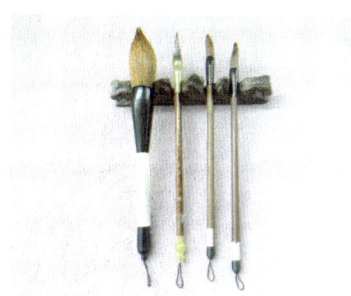

图2-125　认识毛笔

③从长盒中取出墨块，观察其形状和上面的花纹（见图2-126）。

图2-126　观察墨块

④取出宣纸并触摸，感受其独特的纸质特点（见图2-127）。

图2-127　触摸宣纸

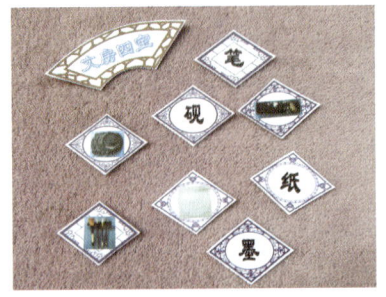

图 2-128　取出卡片

⑤从小袋子中逐一取出卡片,观察后将卡片散放在地毯上(见图 2-128)。

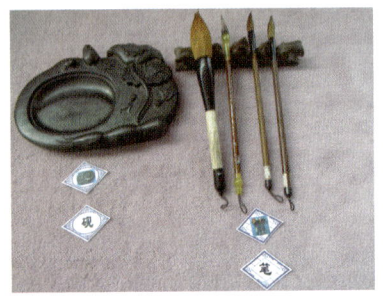

图 2-129　根据图卡找实物

⑥将画有笔的图卡放到笔的下方,依次完成图卡与实物配对(见图 2-129)。

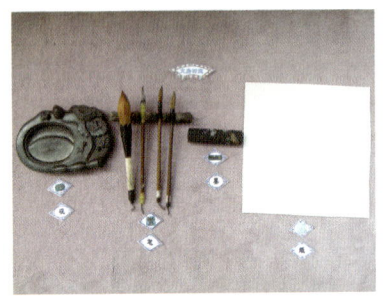

图 2-130　说说"文房四宝"的名称

⑦观察字卡的边框花纹,在图卡中找到相同边框的图卡,完成实物、图卡、字卡三者的匹配,并说一说"文房四宝"的名称(见图 2-130)。

(6)适宜年龄:4—5岁。

(7)错误控制:图卡上的图片与实物一致;图卡边框与字卡边框的花纹一致。

(8)注意事项:教师应注意引导幼儿在操作中讲出文房四宝的用途。

(9)变化延伸:

①可给幼儿提供一点水,让他们体验磨墨和用毛笔在宣纸上作画。

②带幼儿认识各种质地的纸并了解其功能。

③欣赏国画作品。

（10）活动反思：

①以"文房四宝"为载体开发操作材料，让幼儿认识了祖国传统文化，了解了古代文具与现代文具之间的区别。

②发现幼儿在操作中对"文房四宝"如何使用感兴趣时，教师应鼓励他们大胆地尝试。

③对于操作比较得心应手的幼儿，可以适当提高材料的操作难度，鼓励幼儿尝试运用"文房四宝"在宣纸上作画。

案例 2-17

（1）活动名称：国家和国花。

（2）活动目标：

①萌发了解不同国家国花的愿望。

②感知"国花"和"国家"之间的关系及各国国花代表的含义。

③提高幼儿对事物细节的观察与辨别能力。

（3）材料解读：

①选用色彩亮丽的木质花瓣转盘引起幼儿的兴趣。

②选用国旗夹子让幼儿操作，提高幼儿的操作兴趣；装字卡的盒子具有异域风情。

（4）材料构成（见图2-131）：

①五个花瓣形的转盘，上面有牡丹花、玫瑰花、鸢尾花、矢车菊、木槿花图案。

②标有中国、美国、法国、德国、韩国国旗的小夹子，托盘，小铁盒。

图 2-131 材料构成

图 2-132 观察转盘

（5）操作步骤：

①取出花瓣形的转盘进行观察（见图 2-132）。

图 2-133 观察转盘上的国花

②观察转盘上的花，感受每一种花的不同（见图 2-133）。

图 2-134 说说国花名称

③转动转盘，依次说说不同国家的国花名称（见图 2-134）。

图 2-135 取出国旗小夹子

④取出铁盒，将盒子里的国旗小夹子散放在地毯上（见图 2-135）。

⑤认识夹子上的国家和国旗（见图2-136）。

图 2-136　认识国家和国旗

⑥在转盘上找到与夹子对应的国花，将国旗夹子摆放到国花上面，为国旗和国花找朋友（见图2-137）。

图 2-137　为国旗和国花找朋友

⑦看图说说自己知道的国花，如"中国的国花是牡丹花"。说完后将中国国旗夹到花瓣上，依次完成操作（见图2-138）。

图 2-138　说说我知道的国花

（6）适宜年龄：4—5岁。

（7）错误控制：国旗夹子的边框与花朵的边框颜色相同。

（8）注意事项：教师要注意引导幼儿一边说一边操作。

（9）变化延伸：

①可认识各省的省花、各市的市花。

②了解花的特点及其不同花的花语。

③在地图上找出各国的地理位置。

（10）活动反思：

①此份操作材料提供的转盘、国旗小夹子以及色彩鲜艳的国花图片能吸引幼儿，激发幼儿探究不同国家的国花的兴趣。

②在幼儿操作的过程中，教师应该引导幼儿仔细观察和认识国花、国旗，边操作边说说不同国家的名称及国花的名称，完善幼儿关于国花的经验。

③国家和国花的数量应根据幼儿的年龄特点及发展水平来选择，不宜选择过多，数量过多则操作时间过长，容易造成幼儿的注意力分散。

案例 2-18

（1）活动名称：节日小书。

（2）活动目标：

①激发探究生活中各种节日的兴趣。

②了解每一个节日的具体日期。

③能说出重大节日的名称及蕴含的意义。

（3）材料解读：

①选择幼儿在日常生活中熟悉的六个节日，做成一本节日小书，按照一年中的时间顺序进行排序装订。

②提供给幼儿一个木制活动台历，可以让幼儿调整数字来匹配节日的日期。

③将记录单以活页立体的形式，用书环装订，做成一本节日台历。

（4）材料构成（图 2-139）：

①"节日小书"1本，手工木制活动台历1个，日期骰子，六个节日的字卡及图卡。

②托盘，盒子。

图 2-139　材料构成

（5）操作步骤：

①取出节日小书，认真翻阅，了解有哪几个节日（图2-140）。

图2-140　翻阅节日小书

②找到对应该节日的字卡，摆放在节日小书的右侧（图2-141）。

图2-141　节日字卡对应

③找到对应该节日的图卡，摆放在节日小书的右侧（图2-142）。

图2-142　取出节日图卡

④将摆放日期的木制凹槽底座对应摆放在图卡下方（图2-143）。

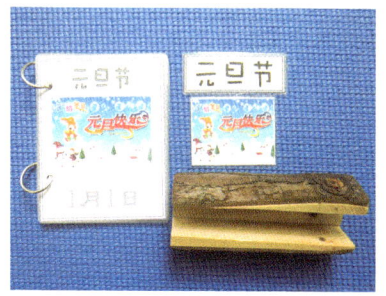

图2-143　取出木制凹槽底座

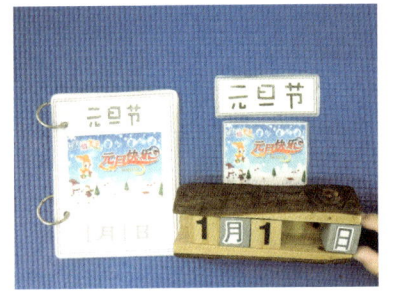

图 2-144　嵌入日期骰子

⑤取出日期骰子并对照节日小书上的日期将其对应嵌入凹槽（图 2-144）。

图 2-145　完成其他节日材料的操作

⑥依上述方法完成其他节日材料的操作（图 2-145）。

图 2-146　操作完成后讲述

⑦对照小书检查操作结果后进行讲述（图 2-146）。

（6）适宜年龄：4—5 岁。

（7）错误控制：字卡和图卡后面有相对应的节日日期。

（8）注意事项：在操作中如幼儿未发现木制的日期骰子是有四个面的，教师可适当介入提醒。

（9）变化延伸：

①可将材料设计为了解世界各国国庆节的材料。

②可将材料更换为关于中国传统节日的材料。

（10）活动反思

①中班幼儿对各种大型节日已经有了初步的概念，但对于具体哪一天是什么节日容易混淆。针对幼儿的现实需求，用一个木制凹槽作为载体开发材料，幼儿很容易被材料吸引，从而引发主动探究。

②在幼儿的操作过程中教师应该及时提醒其对照节日小书有序操作，以免遗漏。

③教师应引导幼儿边操作边完整地说说"几月几日是什么节"。

案例 2-19

（1）活动名称：环保标志。

（2）活动目标：

①增强保护生态环境和节约资源的意识。

②熟悉生活中常见的环保标志，丰富环保知识。

③懂得在生活实践中将环保意识转化成环保行为。

（3）材料解读：

①将环保标志做成立体的图片供幼儿操作。

②运用三步卡的认识形式，能让幼儿在操作的过程中更好地认识环保标志。

（4）材料构成（见图 2-147）：

①环保标志图文卡、环保标志图卡、字卡各 6 张。

②小铁盒，纸盒，大、小托盘。

图 2-147 材料构成

图 2-148 取出小托盘

（5）操作步骤：

①从大托盘中取出小托盘，将图文卡立起来（见图 2-148）。

图 2-149 取出图文卡

②将标有图和汉字的图文卡取出，摆成一排（见图 2-149）。

图 2-150 认识各种环保标志

③逐一认识不同的环保标志（见图 2-150）。

图 2-151 取出环保标志图卡

④取出内有环保标志图卡的小纸盒（见图 2-151）。

⑤将相应的图卡摆放在图文卡下方（见图 2-152）。

图 2-152　图卡与图文卡配对

⑥取出装有字卡的小铁盒观察文字（见图 2-153）。

图 2-153　从铁盒中取出字卡

⑦在图文卡中找到相同的文字，将字卡摆放到相应的图卡下方，完成三步卡的操作（见图 2-154）。

图 2-154　完成三步卡的操作

（6）适宜年龄：4—5 岁。

（7）错误控制：相同的图标和文字。

（8）注意事项：先摆第一步卡片（图文卡），再摆第二步卡片（图卡），最后摆第三步卡片（字卡）。

（9）变化延伸：

①鼓励幼儿在生活中寻找环保图标。

②观察班级或幼儿园的环境，贴上相应的环保标志。

③说一说日常生活中哪些行为是环保的行为。

（10）活动反思：

①环保标志与幼儿的生活关系密切，是社会性教育的重要内容之一，教师设计这份材料旨在让幼儿懂得，爱护环境要从身边的点滴小事做起。

②对于这种较抽象、直接感知不到的事物，设计成简单的三步卡形式能够让幼儿操作更容易。

③投放的卡片不宜过多，否则容易造成幼儿的注意力分散。

案例 2-20

（1）活动名称：西餐礼仪。

（2）活动目标：

①感知世界饮食文化的多样性，养成接纳与尊重的态度。

②初步了解西餐文化中刀叉摆放的不同位置所代表的不同含义。

③尝试看图摆放餐具，提高观察及理解能力。

（3）材料解读：

①在选择刀叉时，考虑到尺寸及安全性，挑选了儿童专用西餐刀叉。

②为使幼儿感知西餐的考究，选择了白色精美的瓷盘及餐垫。

③选择有一定深度的托盘，以防止幼儿拿托盘时倾斜，导致瓷盘跌落打碎。

（4）材料构成（见图2-155）：

①餐盘，儿童餐刀，餐叉，餐垫，餐垫扣。

②情境卡、字卡、图卡各1套。

③底座夹，小木盒，小藤筐，托盘。

图2-155　材料构成

（5）操作步骤：

①将透明底座夹从小藤筐中取出，在地毯上整齐地从左到右排成一排（见图2-156）。

图 2-156 摆放底座夹

②将幼儿餐厅进餐情境卡逐一从小盒子中取出，并夹在透明底座夹上（见图2-157）。

图 2-157 夹好情境卡

③将与情境卡相匹配的字卡取出，逐一对应后贴于情境卡上的磁铁上（见图2-158）。

图 2-158 粘贴与情境卡对应的字卡

④取出刀叉摆放不同的盘子图片，观察后逐一对应情境卡，贴到透明底座上的磁铁上（见图2-159）。

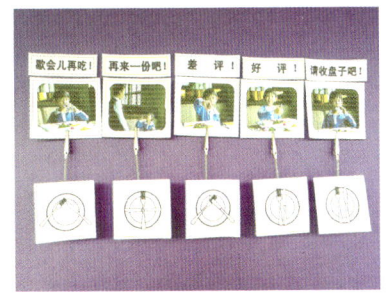

图 2-159 刀叉图片对应摆放

⑤取出餐垫，将其打开平铺在地毯上，然后将盘子放在中间，再将叉和刀分别放于盘子左右两边（见图2-160）。

图 2-160　铺餐垫摆餐具

⑥完成操作后，幼儿选取其中一种刀叉摆放图卡（见图2-161），最后摆放在盘子上方。

图 2-161　取出盘子图卡

⑦仔细观察后，按图卡提示，将刀叉摆出与图卡相符的样子。按以上方法，完成不同摆盘操作（图2-162）。

图 2-162　对照图卡摆放餐具

（6）适合年龄：4—5岁。

（7）错误控制：

①相应的情境卡、字卡及盘子图卡的边框颜色相同。

②盘子图卡的方向用圆点标记，餐垫上有与叉和刀的标记一致的图形标记。

（8）注意事项：

①为方便幼儿操作，本材料提供的是儿童使用的刀叉。

②本材料提供的是真实的刀叉，有必要提醒幼儿注意安全。

（9）变化延伸：

①了解更多的西餐用餐礼仪。

②了解西餐常见菜式。

（10）活动反思：

①中班幼儿开始对西餐文化好奇，并乐于模仿。

②由于本材料所提供的物品——陶瓷盘和不锈钢儿童刀叉均为生活中的真实物品，在幼儿操作前教师有必要培养幼儿良好的操作常规，并再次提醒幼儿在操作过程中注意安全。

案例 2-21

（1）活动名称：深圳公园。

（2）活动目标：

①激发热爱生活、热爱自然的美好情感。

②了解深圳具有代表性的公园名称。

③懂得遵守公共场合活动的行为规则。

（3）材料解读：

①选择的公园贴近幼儿生活，方便幼儿辨认，具有代表性。

②将材料立体化，以便幼儿操作。

（4）材料构成（见图 2-163）：

①深圳公园小书，公园图片，公园字卡。

②托盘，小盒子。

图 2-163　材料构成

图 2-164 取出小书

（5）操作步骤：

①取出深圳公园小书（见图 2-164）。

图 2-165 认识深圳公园

②仔细翻阅小书，认识深圳公园（见图 2-165）。

图 2-166 摆放公园图片

③取出深圳公园的图片，观察后摆放在地毯上（见图 2-166）。

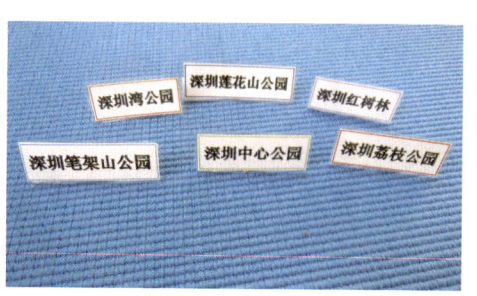

图 2-167 散放公园字卡

④取出深圳公园的字卡，散放在地毯上（见图 2-167）。

⑤将深圳公园的字卡与对应的深圳公园图片配对摆放（见图2-168）。

图 2-168　字卡和图片对应摆放

⑥依此方法，完成其他图片与字卡的对应摆放（见图2-169）。

图 2-169　其他图片与字卡对应摆放

⑦完成操作后，查看图片与字卡的颜色是否一致，并介绍一下深圳的公园（见图2-170）。

图 2-170　逐一介绍深圳的公园

（6）适宜年龄：4—5岁。

（7）错误控制：图片与字卡边框的颜色相同。

（8）注意事项：在幼儿的操作过程中，教师应提醒幼儿将公园名称的字卡摆放到公园图片的前面。

（9）变化延伸：

①可将材料变换为深圳各区具有代表性的公园。

②投放"深圳公园"的记录单。

（10）活动反思：

①此活动材料贴近幼儿生活，虽然幼儿对公园都比较熟悉，可是对于公园的名称却不一定说得准确。在操作过程中，教师可引导幼儿认识公园的名称，对识字量不大或认读有困难的幼儿，教师需要及时介入并给予帮助。

②公园的数量应根据幼儿的年龄特点来选择，不宜太多，否则容易造成幼儿的注意力分散。

案例 2-22

（1）活动名称：中国民间艺术品。

（2）活动目标：

①激发热爱祖国民间传统文化的情感。

②熟悉常见的几种民间艺术品的名称及其历史文化。

③提高艺术欣赏水平及观察作品的能力。

图 2-171　材料构成

图 2-172　欣赏刺绣实物

（3）材料解读：

①材料内容选取有代表性的民间艺术品。

②图卡与字卡上有魔术贴，在进行配对时可以粘贴。

（4）材料构成（见图 2-171）：

①刺绣、泥人、中国结、景泰蓝、瓷器、漆器实物各1个，与实物匹配的图卡数张。

②景泰蓝手镯布袋，装字卡的拉链绣花袋子、藤筐、布艺绣花六边形筐各1个。

（5）操作步骤：

①取出刺绣艺术品，欣赏后放在地毯上（见图 2-172）。

②依次取出民间艺术品实物在地毯上摆成一排欣赏（见图2-173）。

图2-173　摆放民间艺术品

③取出图卡、字卡，观察后依次摆放在地毯上（见图2-174）。

图2-174　摆放图卡与字卡

④找到刺绣图卡，放到刺绣实物的上方（见图2-175）。

图2-175　将图卡摆放在实物上方

⑤依照以上方法依次进行实物与图卡配对（见图2-176）。

图2-176　将所有实物与图卡配对

图 2-177 将字卡粘贴到图卡上

⑥找到刺绣字卡粘贴到刺绣图卡上粘有魔术贴的地方,使实物、图卡、字卡匹配(见图 2-177)。

图 2-178 欣赏民间艺术品

⑦用相同的方法依次完成操作,逐一欣赏民间艺术品,并说说不同民间艺术品的名称(见图 2-178)。

(6)适合年龄:4—5 岁。

(7)错误控制:相对应的图卡、字卡魔术贴旁贴有相同颜色的小长方形。

(8)注意事项:在幼儿摆放实物时,教师应提醒幼儿注意参照与实物一样的图卡摆放,并尝试进行自我检查。

(9)变化延伸:

①设计相关的记录纸供幼儿记录。

②可根据幼儿的兴趣及发展需要更换不同的民间艺术品。

(10)活动反思:

①在了解我国传统文化的过程中,有不少幼儿收集到了各种民间艺术品,并且对造型不一的民间艺术品产生了极大的探究兴趣。基于此,教师以真实的民间艺术品作为载体,进行了材料的开发与创新,满足了幼儿的求知欲望。

②在幼儿操作的过程中,教师要注意引导幼儿先欣赏各种民间艺术品,

再运用小书进行材料的操作。

③操作完成后，应该鼓励幼儿大胆讲述民间艺术品的名称及特征。

案例 2-23

（1）活动名称：我认识的京剧人物。

（2）活动目标：

①萌发对国粹"京剧"的兴趣和喜爱。

②了解京剧经典人物的名称。

③能运用连贯的语句介绍自己认识的京剧人物。

（3）材料解读：

①材料选取的是一套竹制京剧人物脸谱图卡，中国元素特点突出。

②小火车设计巧妙，车厢有磁铁可吸附人物名称文字卡，凹槽处可插放脸谱图卡，生动立体。

（4）材料构成（见图2-179）：

①竹制京剧脸谱图卡1套，相应图文卡1套。

②自制小火车：火车头1个，车厢3个。

③小纸盒，竹制卡座，托盘。

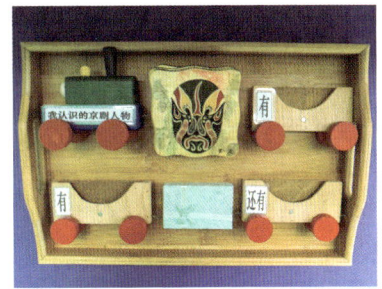

图 2-179　材料构成

（5）操作步骤：

①从竹制卡座中逐一取出京剧脸谱图卡，细心观察后将其整齐地排列在地毯上（见图2-180）。

图 2-180　摆放京剧脸谱图卡

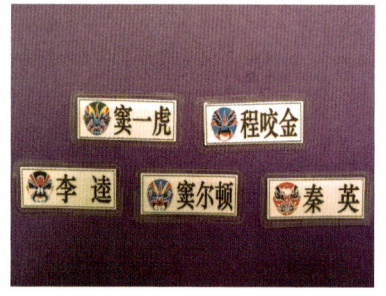

图 2-181　散放图文卡

②打开小纸盒,从中取出京剧人物图文卡,散放在地毯上(见图 2-181)。

图 2-182　图文卡与脸谱图卡匹配

③拿起一张图文卡,观察人物特征后说出京剧人物的名称,在脸谱图卡中找到相应图卡,将图文卡摆放在脸谱图卡下方(图 2-182)。

图 2-183　连接小火车

④取出自制小火车与车厢,按"有……有……还有……"的序列摆放,将每一节车厢的扣子连接起来(见图 2-183)。

图 2-184　插放脸谱图卡

⑤一边讲述,一边从地毯上的脸谱图卡中选出自己认识的图卡插入车厢中(见图 2-184)。

⑥观察车厢里的图片,将与脸谱图卡相对应的图文卡粘贴到车厢上(见图2-185)。

图 2-185　粘贴图文卡

⑦完成操作后,幼儿完整地讲述自己认识的京剧人物(见图 2-186)。

图 2-186　讲述认识的京剧人物

(6)适合年龄:4—5 岁。

(7)错误控制:图文卡上有与脸谱图卡对应的脸谱图。

(8)注意事项:

①教师应引导幼儿从脸谱的色彩、图案等方面观察和区分不同人物的名称。

②火车的车厢按照"有……有……还有……"的序列连接。

(9)变化延伸:

①投放"我认识的京剧人物"记录单。

②增加京剧中的生旦净末丑相关内容。

③认识著名京剧演员。

(10)活动反思:

①京剧是我国的国粹,可南方幼儿接触的机会较少,因此很有必要在活动区中投放相关材料,引导幼儿对京剧有初步的了解和认知。本材料选择的

京剧人物比较典型，选用脸谱形式更能吸引幼儿。

②此份材料从竹制脸谱图卡到木质活动小火车，从形象图案到立体载体，都具有较强的协调性，整体材料更突出中国文化元素。在幼儿的操作过程中，教师可重点引导幼儿观察脸谱图卡以区分各京剧人物的不同特点，以培养幼儿细致观察的能力。

③此材料为半开放式结构，幼儿可依据"有……有……还有……"的连词顺序，选取自己喜欢的任意人物进行排序并讲述。

案例 2-24

（1）活动名称：民族服饰。

（2）活动目标：

①感受少数民族服饰的魅力，激发热爱民族同胞的情感。

②了解几种少数民族服饰的特点。

③能用完整的语言介绍不同民族的服饰。

（3）材料解读：

①选用穿民族服饰的少数民族娃娃能够引发幼儿的兴趣。

②图片的正反面都与少数民族有关，与主题贴近，能帮助幼儿提升相关经验。

③相同少数民族服饰的图片边框与项链的颜色一致，能引导幼儿操作。

（4）材料构成（见图 2-187）：

①苗族、藏族、傣族、朝鲜族、蒙古族、维吾尔族六个少数民族娃娃。

②正反有少数民族舞蹈及少数民族服饰的图片。

③少数民族名称项链。

④编织的竹筐。

图 2-187　材料构成

第二章　社会区材料案例

（5）操作步骤：

①取出六个少数民族娃娃，逐一观察它们的服饰，将娃娃在地毯上摆放成一排（见图2-188）。

图2-188　取出少数民族娃娃

②分别取出少数民族舞蹈图片并欣赏，然后将图片摆放在地毯上（见图2-189）。

图2-189　取出少数民族舞蹈图片

③比较少数民族娃娃的服饰，将舞蹈图片摆放在相同民族娃娃的前方，完成图片与娃娃的匹配（见图2-190）。

图2-190　舞蹈图片与娃娃配对

④将少数民族舞蹈图片翻至背面，通过背面图片呈现的各民族服饰检查配对是否正确（见图2-191）。

图2-191　服饰图片与娃娃配对

⑤确认配对正确后,从盒子里取出不同颜色的少数民族名称项链,将其散放在地毯上(见图2-192)。

图2-192　取出少数民族名称项链

⑥观察少数民族图片上的文字,在项链上找到相同的文字后,将项链与图片摆放在一起(见图2-193)。

图2-193　项链与图片配对

⑦将写有各民族名称的项链戴到各民族娃娃身上,操作完成(见图2-194)。

图2-194　给娃娃戴项链

(6)适宜年龄:4—5岁。

(7)错误控制:民族项链、民族舞蹈图片与民族娃娃身上服饰的颜色一致。

(8)注意事项:在幼儿的操作过程中,教师要注意提醒幼儿先从颜色、款式等方面观察少数民族服饰的特征,发现不同,再有序地进行操作。

(9)变化延伸:

①提供更多的少数民族服饰、表演视频供幼儿欣赏。

②当幼儿熟悉操作流程后可适当增加或者替换不同的少数民族服饰。

（10）活动反思：

①设计此活动的目的是帮助中班幼儿更多地了解少数民族的风俗习惯，选取易懂易辨的少数民族服饰来设计材料，既符合本阶段幼儿的年龄特征，又能够丰富其有关少数民族的经验。

②当教师发现有的幼儿在操作中出现图片与实物不相符的情况时，应及时提醒幼儿检查项链和民族舞蹈图片的边框颜色与娃娃身上的颜色标志是否一致，及时进行自我修正。

③随着幼儿能力的增强，教师在后续材料的提供中，可以考虑去掉民族舞蹈图片这一环节，直接以民族娃娃实物与民族娃娃字图配对，这样对幼儿来说是一种新的挑战。

案例 2-25

（1）活动名称：世界各地工艺品。

（2）活动目标：

①萌发探索世界各地工艺品的意愿。

②了解世界各地不同工艺品的名称及用途。

③感知世界各地工艺品制作的精致及艺术之美。

（3）材料解读：

①选用了具有国家特色、色彩亮丽的迷你"珍宝"吸引幼儿的眼球。

②将摆放"珍宝"的底座立体化，便于幼儿操作。

（4）材料构成（见图2-195）：

①具有国家特色的"珍宝"，珍宝底座，图卡底座，珍宝图卡，珍宝用途图卡。

②托盘，小锦袋，小木盘。

图 2-195　材料构成

图 2-196 观察珍宝底座

（5）操作步骤：

① 取出珍宝底座，观察后摆放在地毯上（见图 2-196）。

图 2-197 摆放珍宝

② 将"珍宝"从托盘中取出，欣赏、认识"珍宝"并将它轻轻放到"珍宝"底座上（见图 2-197）。

图 2-198 摆放图卡底座

③ 从托盘中取出图卡底座，并将图卡底座整齐摆放在珍宝台的前面（见图 2-198）。

图 2-199 散放珍宝图卡

④ 取出珍宝图卡，散放在地毯上（见图 2-199）。

第二章　社会区材料案例

⑤找到相应"珍宝"的位置,将图卡放在对应图卡底座左边蓝色花的铁丝夹上(见图2-200)。

图 2-200　把珍宝图卡放到图卡底座上

⑥取出一张珍宝用途图卡,观察画面内容,说说"珍宝"的用途(见图2-201)。

图 2-201　观察珍宝用途图卡

⑦了解各类珍宝的用途,并将对应的图卡放在图卡底座右边粉色花的铁丝夹上,完成全部操作(见图2-202)。

图 2-202　完成操作后分享

(6)适宜年龄:4—5岁。

(7)错误控制:图卡边框的花纹和颜色一致;图卡底座上左右两边分别有一朵蓝色花与粉色花。

(8)注意事项:

①将"珍宝"摆放到珍宝底座上时,应摆放在珍宝底座的中间位置。

②摆放图卡时,应仔细观察图卡底座上的摆放位置,珍宝图卡应摆放在

图卡底座的左边，珍宝用途图卡应摆放在图卡底座的右边。

（9）变化延伸：

①世界各地的名胜古迹。

②我国各地的工艺品。

（10）活动反思：

①色彩鲜艳的各类"珍宝"从外形上就能一下子吸引幼儿的眼球，激发幼儿操作的兴趣和愿望。

②个别"珍宝"属于易碎品，在操作过程中教师应提醒幼儿轻拿轻放。

③在进行珍宝图卡与珍宝用途图卡对应时，教师应引导幼儿先观察，猜一猜，再进行配对，以增加幼儿操作的乐趣。

第三节　大班社会区

大班社会区的材料源自深圳市莲花二村幼儿园区域课程资源库。这些活动材料都是由教师自己设计、制作的，在内容上不仅体现出中国的民间传统文化，还增加了有关了解世界文化方面的内容。随着材料内容的不断增多，幼儿的操作过程也由简到繁，丰富而适宜的材料能够帮助幼儿形成良好的学习品质和行为习惯，为他们进入小学打下坚实的基础。

一、大班社会区设计思路

随着语言表达能力、逻辑思维能力的增强，大班幼儿的人际交往与社会适应能力有了质的飞跃：在与同伴交往的过程中，能够做到关系融洽、分工合作；在遇到困难时，更喜欢与同伴共同讨论寻找解决问题的方法。同时，大班阶段的幼儿在活动中不再局限于对周围生活的认知，更向往了解外面的世界。针对以上特点，教师在设计社会区材料时，更多地倾向于社会环境与行为规范方面的内容：在社会环境方面，增加了了解祖国、世界及节日等相关内容；在行为规范方面，增加了公共规则、交往规则、民间节日、民间艺术、文化精品及世界文化等相关内容。幼儿通过对材料的探索不仅提升了行为规范方面的相关能力，同时通过了解世界其他国家和民族的文化，感知了文化的多样性和差异性，获得了人文方面的相关经验。

二、大班社会区活动导航

大班是幼儿社会性发展的关键时期，通过大班社会区导航图（见图2-203）不难看出，随着幼儿各方面能力的发展，大班社会区材料以社会环境和行为规范方面的操作材料为主，增加了很多世界文化及本土民间文化等方面的内容，充分体现出了大班社会领域教育内容由易到难、由近及远的特征。

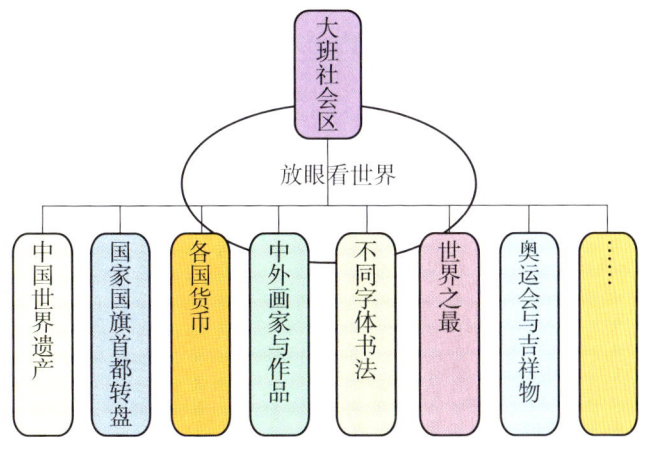

图2-203　大班社会区导航图

三、大班社会区材料案例

案例 2-26

（1）活动名称：男女洗手间。

（2）活动目标：

①养成文明如厕的良好行为习惯。

②知道男女生性别的差异。

③能在生活中依据男女洗手间的不同图案选择自己该进入的洗手间，提高观察及解决问题的能力。

（3）材料解读：

①材料选用8头名片夹座，既可以锻炼幼儿的小手肌肉的力度和协调性，同时还具有隐性的概念合成的作用，表示这一类的图标都是男生或女生的洗手间标识。

②男女洗手间的标识是在幼儿园周边公共场所中收集到的图标，教师可以依据当地的不同文化特色选用适宜的图案或符号标识。

图 2-204　材料构成

（4）材料构成（见图 2-204）：

①贴有男女文字标贴的8头名片夹座，男女各式洗手间标识小图卡各8张。

②小盒子，托盘。

（5）操作步骤：

①将贴有男女文字标贴的8头名片夹座从托盘中取出摆放在地毯上（见图 2-205）。

图 2-205　摆放男女名片夹座

②从托盘中取出小盒子放在地毯上，打开盒盖（见图2-206）。

图 2-206　取出小盒子

③从小盒子中取出男女洗手间标识小图卡，散放在地毯上（见图2-207）。

图 2-207　散放小图卡

④任意拿起一张洗手间标识小图卡进行观察，是男洗手间标识的摆放在左侧，是女洗手间标识的摆放在右侧（见图2-208）。

图 2-208　辨识小图卡

⑤按以上方法，逐一对散放在地毯上的小图卡进行观察、辨识并摆放，最后翻开检查图标方向的正确性（见图2-209）。

图 2-209　检查图标方向

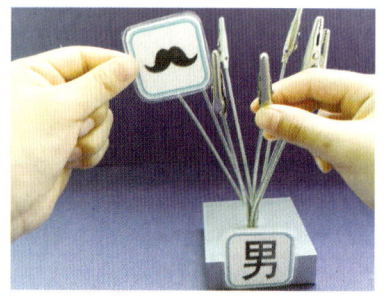

图 2-210　将小图卡夹到夹子上

⑥左手拿起一张男洗手间标识小图卡，右手两指捏开男生名片夹座中的一个夹子，将小图卡夹住（见图 2-210）。

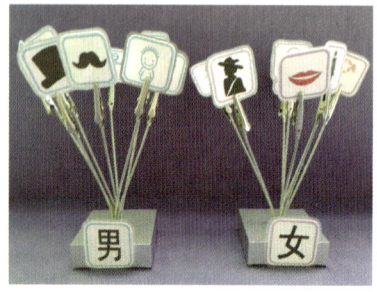

图 2-211　操作完成

⑦将完成分类的男女洗手间标识小图卡依次夹到名片座的小夹子上，完成全部操作（见图 2-211）。

（6）适合年龄：5—6 岁。

（7）错误控制：男女洗手间标识小图卡的外边框与贴有男女文字标贴的图片的外边框颜色一致。

（8）注意事项：

①教师可依据幼儿的已有经验或能力适当增减标识小图卡的数量。

②教师要事先尝试小夹子的松紧程度，在材料投放前进行调试，以便于幼儿操作。

（9）变化延伸：

①投放"男女洗手间"记录单。

②认识男女服饰。

（10）活动反思：

①幼儿到了 5～6 岁基本上对自身的性别有了清楚的认知，知道男女生如厕的场所及方式有所不同。随着社会多元化的发展，在一些公共场所对于

男女洗手间有着不一样的图案区分。教师引导幼儿通过观察区分男女洗手间的标识，选择适合自己的图案，有助于提高幼儿观察及解决问题的能力。

②在操作过程中，由于有些小图卡只是局部性标志物，幼儿不易区分上下方向，教师可引导幼儿观察小图卡背面的提示加以区分，以便于操作。

③男女洗手间标识除了可以用图案外，也可以呈现不同的文字或其他的符号标识，帮助幼儿进一步积累生活知识，以便幼儿在日后能运用自如。

案例 2-27

（1）活动名称：小主人。

（2）活动目标：

①尝试用文明语言待客，体验小主人的成就感。

②了解做小主人的基本礼仪及招待客人时常用的语句。

③强化文明礼貌的行为及热情好客的主人翁意识。

（3）材料解读：

①选用木质的大托盘作为小主人的家，家中摆放简单的家具以引起幼儿的兴趣。

②配上各种在家招待客人用的物品。

（4）材料构成（见图2-212）：

①《我是小主人》小书，文明礼貌用语文字卡，小主人和客人的仿真模型。

②迷你书柜、桌子、椅子、地毯、沙发等家具，迷你小茶杯、小点心等待客物品。

图 2-212　材料构成

（5）操作步骤：

①取出小书逐页翻阅，观察画面内容（见图2-213）。

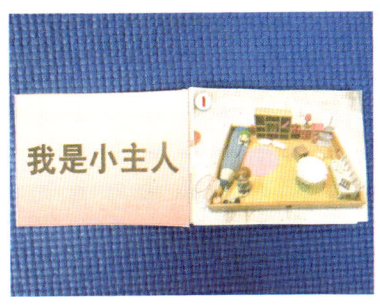

图 2-213　翻阅小书理解画面内容

②从第一页开始，对照小书的顺序完成小主人接待客人的系列操作，如：将客人模型摆放在门口，将主人模型摆放在客人的旁边，并说出："您好！欢迎您！"说完后将文字卡粘贴到相应的位置（见图2-214）。

图2-214 小主人迎接客人

③翻动小书，将小主人和客人模型移动到客厅的位置，说"请坐！"，邀请客人到客厅坐下并配上相应的文字卡（见图2-215）。

图2-215 邀请客人就座

④翻动小书，继续邀请客人喝水、吃点心，取出喝水的杯子和点心并将其放到桌子上，说"请喝水！请吃点心！"，并将文字卡对应放好（见图2-216）。

图2-216 邀请客人喝水、吃点心

⑤将小主人和客人移动到书柜旁的地毯上请客人一起看书，小主人说"我们一起看书吧"，取出书和文字卡对应摆放（见图2-217）。

图2-217 邀请客人看书

⑥将书放回书柜再取出玩具,小主人邀请客人一起玩玩具并配上文字卡"我们一起玩玩具"(见图2-218)。

图 2-218　邀请客人玩玩具

⑦将小主人和客人移动到家门口的位置,小主人说:"您慢走!再见!"粘贴对应的文字卡完成操作(见图2-219)。

图 2-219　欢送客人

(6)适宜年龄:5—6岁。

(7)错误控制:以《我是小主人》小书作为指引,对照小书完成操作。

(8)注意事项:教师应注意引导幼儿先观察小书的画面,再完成操作。在操作的过程中,要求幼儿先按要求摆放小客人的位置,再说出文明礼貌用语,最后粘贴相应的文字卡。

(9)变化延伸:

①可将"我是小主人"变成"小主人和小客人",增加小主人和小客人之间的对话内容。

②可换成听录音的方式,让幼儿听录音进行每一步的操作。

③投放"小主人"的记录单。

(10)活动反思:

①通过场景呈现的方式,幼儿在操作中以角色扮演的方式亲身体验作为"小主人"邀请同伴到家中来做客的感受,并学会与同伴分享、交流、交往的

简单礼仪，为幼儿今后的社会性发展奠定良好的基础。

②"小主人"这一角色有与其相应的职责和行为要求，如礼貌待人、照顾好客人、先人后己等，这些都是在扮演主人这一角色的过程中体现的。为幼儿选择相应的角色，使角色扮演具有针对性，可促进幼儿的社会性发展。

③在幼儿操作此份材料前，教师可询问幼儿"平时你家里来了客人，你是怎么招待的？"，了解幼儿在家当小主人的情况。

案例 2-28

（1）活动名称：家庭安全我知道。

（2）活动目标：

①了解安全使用插座的基本常识。

②知道危险物品不能随意触碰和玩耍。

③增强家庭安全的意识。

（3）材料解读：

①图片主题内容来源于幼儿生活，幼儿能够理解图片内容。

②以小书的形式呈现安全知识画面更能引发幼儿探究的兴趣。

（4）材料构成（见图2-220）：

①《家庭安全我知道》小书。

②与小书对应的图卡、字卡各6张。

③托盘1个，爱心夹2个。

（5）操作步骤：

①拿出小书，认读小书封面（见图2-221）。

图 2-220　材料构成

图 2-221　阅读小书

第二章 社会区材料案例

②逐一翻阅小书，了解书中关于安全知识的内容（见图2-222）。

图2-222 了解书中的内容

③散放相关的图卡和字卡（见图2-223）。

图2-223 散放图卡和字卡

④先取出字卡进行观察（见图2-224）。

图2-224 取出字卡观察

⑤再拿起图卡，对照小书再次理解图片内容，依次把图卡排成弧形（见图2-225）。

图2-225 依次摆放图卡

图 2-226　字卡与图卡配对

⑥找到"小心烫伤"字卡并放到相对应的图卡上,完成字卡与图卡配对(见图 2-226)。

图 2-227　操作完成后再次讲述

⑦用相同的方法完成所有字图配对的操作后,对照小书检查本次操作是否正确。确认操作正确后,对照操作卡讲述自己知道的家庭安全常识(见图 2-227)。

(6)适合年龄:5—6 岁。

(7)错误控制:图卡中对话框的颜色与字卡边框的颜色一致。

(8)注意事项:

①教师应引导幼儿先完整地阅读小书,再进行图卡操作。

②在活动后教师可引导幼儿思考:在家里还有哪些需要注意的安全话题。

(9)变化延伸:

①选用有关"校园安全"方面的内容,并将其设计成操作材料。

②选用有关"地铁安全""乘机安全"等方面的内容,并将其设计成操作材料。

(10)活动反思:

①随着年龄的增长和各方面能力的增强,大班幼儿在生活和学习中将迎来更多的挑战。为了增强他们的安全防范意识,教师从家庭安全方面着手,选用一些易懂易记的素材和符号,以小书的形式呈现在幼儿面前,幼儿表现出较为浓厚的操作兴趣。

②在操作过程中，教师发现大班幼儿对禁止符号很熟悉，但是受识字量的限制，在图卡与字卡匹配的过程中会出现配对错误的情况，教师及时指导幼儿按照边框的颜色找相应的图卡，并讲述图卡上的内容。

③基于幼儿在操作中出现的问题，教师可以考虑优化字卡，在字卡上加上与字面意思相符的图片，降低操作难度。

案例2-29

（1）活动名称：消防物品。

（2）活动目标：

①增强爱护消防物品及预防火灾的安全意识。

②认识几种常见的消防物品及其名称。

③懂得消防物品的重要性，不随意触碰和玩耍消防物品。

（3）材料解读：

①消防物品的主题来源于生活，认识各种常见且专业的消防物品，有利于增强幼儿预防火灾的安全意识。

②图卡制作清晰明了，幼儿能直观地认识各种器械，了解其专业名称。

（4）材料构成（见图2-228）：

①带魔术贴的消防物品图卡及对应的彩色字卡。

②小盒子，托盘。

（5）操作步骤：

①将消防物品图卡从托盘中取出，认真观察后将其摆放在地毯上（见图2-229）。

图 2-228　材料构成

图 2-229　观察消防物品图卡

图 2-230 排列消防物品图卡

② 将消防物品图卡逐一整齐地在地毯上排成两行（见图 2-230）。

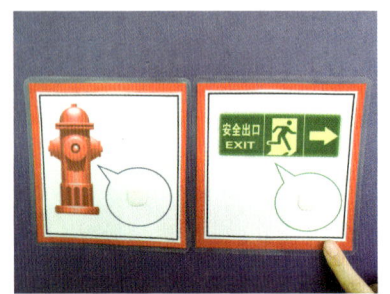

图 2-231 指认消防物品

③ 指认出图卡中所认识的消防物品名称（见图 2-231）。

图 2-232 散放字卡

④ 取出消防物品字卡，将其散放在地毯上（见图 2-232）。

图 2-233 对应摆放字卡

⑤ 任意拿起一张字卡，找到相应的图卡，将其摆放在图卡的对话框中（见图 2-233）。

⑥按同样的方法将所有的消防物品字卡与排列好的图卡进行匹配,完成操作(见图2-234)。

图2-234 完成全部字卡与图卡的匹配

⑦逐一说说各消防物品的名称后,将所有材料整理到托盘中(见图2-235)。

图2-235 逐一检查完整讲述

(6)适合年龄:5—6岁。

(7)错误控制:消防物品图卡中的对话框颜色与字卡颜色一致。

(8)注意事项:

①材料中除了有生活中常见的消防物品,还有专业的装备,如防毒面具等,教师可在操作前向幼儿做简单的介绍。

②在操作活动后可引导幼儿思考:小朋友能随意触碰和玩耍消防物品吗?

(9)变化延伸:

①投放"消防物品"记录单。

②增加有关消防员工作内容的操作材料。

③认识消防员的特殊装备。

(10)活动反思:

①虽然消防物品在幼儿生活中随处可见,但是不一定每个幼儿都能观察和了解,并知道它们的名称及重要性。通过对本材料的操作,幼儿可对

基本的消防物品有所了解，并知道其仅能在发生火灾时使用，平日里不可随意触碰及玩耍。

②使用魔术贴后字卡不易滑落。在操作结束后，教师提醒幼儿将字卡从魔术贴中取下时需双手协作：一只手按压图卡，另一只手捏住字卡往上撕拉，以保持操作卡的整洁。

③操作结束后，教师可引导幼儿思考或调查，"各消防物品的作用是什么？平时我们要怎样对待这些消防物品？"，从而进一步提高幼儿的安全意识。

案例 2-30

（1）活动名称：公共场所标志。

（2）活动目标：

①认识常见的公共场所标志。

②知道公共场所标志所表示的意思。

③尝试看标志找相应的目的地。

（3）材料解读：

①选用公园地图做底板，底板上标有公园里的各种公共场所标志。

②选用立体的图卡进行操作。

③图卡与字卡用不同的线条进行组合，相应的图卡与字卡的边框颜色一致。

（4）材料构成（见图2-236）：

①配有公共场所标志的公园地图底板1张。

②图卡，标志字卡，立体图卡。

③托盘，小盒子。

图 2-236　材料构成

第二章 社会区材料案例

(5)操作步骤:

①从盒子中取出图卡在地毯上摆放成一排(见图2-237)。

图 2-237 取出图卡

②从盒子中取出标志字卡散放在地毯上(图2-238)。

图 2-238 取出字卡

③找一张图卡与相应的字卡配对,对应图片说说标志的意思(见图2-239)。

图 2-239 图卡与字卡配对

④图卡与字卡逐一配对,并了解不同图卡表示的意思(见图2-240)。

图 2-240 图卡和字卡逐一配对

图 2-241　取出公园地图底板

⑤从托盘中取出公园地图底板（见图 2-241）。

图 2-242　图卡对应地图摆放

⑥将图卡与相应的地图底板图标对应摆放（见图 2-242）。

图 2-243　完成操作再次讲述

⑦依次完成相应的图标对应，并再次说一说公共场所标志所表示的意思（见图 2-243）。

（6）适宜年龄：5—6 岁。

（7）错误控制：图卡和字卡的边框颜色一致并且用不同的线条进行组合。

（8）注意事项：教师应注意引导幼儿一边说一边操作。

（9）变化延伸：根据幼儿的发展还可设计商场、地铁等公共场所的标志。

（10）活动反思：

①此材料分字图配对和图卡配对两个方面，在幼儿操作前，教师应关注幼儿是否先完成了字图配对。

②因为这份材料的操作是字图匹配,因此材料操作完成后,对于文字认读能力强的幼儿教师,可以引导他们进行认读,并帮助他们重点认识生字。而当文字认读能力弱的幼儿操作此份材料时,教师要重点关注,并在幼儿遇到困难时及时给予帮助,完成后可引导他们了解文字,以激发他们对文字的兴趣。

案例 2-31

(1) 活动名称:中国世界遗产。

(2) 活动目标:

①萌发对中国古遗迹的热爱之情。

②了解中国世界文化遗产的名称及相关的主要风景名胜。

③发展语言表达及观察事物的能力。

(3) 材料解读:

①选用复古小记事本自制《中国世界遗产》小书,书中选用幼儿熟悉的中国世界遗产的景点图片。

②选用彩色小相框将中国世界遗产的景点图嵌入中间,相框的其中一边粘贴空白文字底板框。

③景点中对应的相框颜色与字卡颜色一致。

图 2-244　材料构成

(4) 材料构成(见图 2-244):

①自制小书 1 本,景点图卡 9 张,对应的景点字卡 9 张。

②托盘,装字卡的精品纸盒。

(5) 操作步骤:

①取出自制的《中国世界遗产》小书(见图 2-245)。

图 2-245　取出自制小书

图 2-246 翻阅欣赏小书

②翻阅《中国世界遗产》小书,欣赏图片(见图 2-246)。

图 2-247 排列中国世界遗产图卡

③逐一取出中国世界遗产图卡,将图卡整齐摆放在地毯上(见图 2-247)。

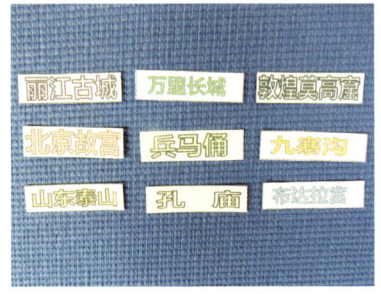

图 2-248 排列中国世界遗产字卡

④将中国世界遗产字卡取出,整齐排列在地毯上(见图 2-248)。

图 2-249 字卡对应图卡摆放

⑤参照小书,将字卡对应摆放到景点图卡空白处的下方(见图 2-249)。

⑥对应图片,将正确的字卡填放在图片下方的空白处(见图2-250)。

图 2-250　将字卡填放在图片空白处

⑦以此方法将其余字卡逐一与图卡对应摆放,完成操作(见图2-251)。然后说一说自己知道的景点。

图 2-251　完成全部操作

(6)适宜年龄:5—6岁。

(7)错误控制:《中国世界遗产》景点图卡和小书中的景点相同,图卡的相框颜色和字卡上字的颜色相同。

(8)注意事项:教师应注意引导幼儿一边说一边操作。

(9)变化延伸:

①根据幼儿的发展还可增加更多的《中国世界遗产》的景点图卡和字卡。

②可匹配与景点相关的地理位置。

③投放关于"中国世界遗产"活动的记录单。

(10)活动反思:

①许多幼儿可能去过中国世界遗产的景点,但对于"中国世界遗产"这个概念还是比较陌生的,在区域中投放此份材料可让幼儿了解我国著名的人文景观,从而引发幼儿对民族文化的兴趣以及保护名胜古迹的意识。

②在操作的过程中，教师可让幼儿说出这些中国世界遗产景点的名称。

③建议幼儿回家与父母一起找找曾经去过的这些中国世界遗产景点的照片，拿到班上来分享、回顾，进一步了解各景点。

案例 2-32

（1）活动名称：广式茶点。

（2）活动目标：

①激发对广东特色饮食文化的兴趣。

②认识几种常见的广式茶点。

③尝试根据图片或文字点餐。

（3）材料解读：

①材料主题为广东本土文化，选取的图片均为常见的茶点，以增加幼儿的兴趣。

②通过"广式茶点"菜单的形式进行图文匹配，增加操作的趣味性。

（4）材料构成（见图2-252）：

①各类广式茶点图卡。

②菜单，字卡。

③藤筐，托盘。

图 2-252　材料构成

（5）操作步骤：

①将广式茶点菜单放在地毯上，逐一认读各种茶点的名称（见图2-253）。

图 2-253　认读广式茶点名称

②逐一取出茶点的图卡，散放在地毯上（见图2-254）。

图2-254　散放茶点图卡

③依据菜单，选择相应的图卡，按序摆放（见图2-255）。

图2-255　按序摆放茶点图卡

④取出茶点字卡，逐一将其整齐摆放在地毯上（见图2-256）。

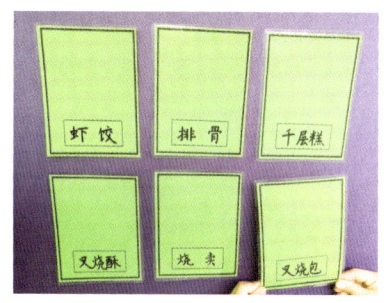

图2-256　摆放茶点字卡

⑤拿起一张茶点图卡，说出茶点名称，并与下方的茶点字卡相匹配（见图2-257）。

图2-257　将茶点图卡与字卡对应

图 2-258　完成所有图文匹配

⑥以此方法将所有的茶点图卡与下方的茶点字卡相匹配,完成操作(见图 2-258)。

图 2-259　再次说说茶点名称

⑦逐一说说广式茶点名称,并将所有材料整理到托盘中(见图 2-259)。

(6)适合年龄:5—6 岁。

(7)错误控制:完整的"广式茶点"菜单既是材料,也是参照。

(8)注意事项:

①全部材料散放在地毯上,占用的地方较大,教师可以适当提醒幼儿注意材料的空间摆放。

②提醒幼儿摆放茶点图卡时,注意认真观察,避免将图卡摆反了。

(9)变化延伸:

①投放"广式茶点"的记录单。

②可更换为其他地方特色小吃,如北京小吃等。

③各地不同口味的美食。

(10)活动反思:

①此活动材料主题源于珠三角地区有特色的早茶文化。每个幼儿都有随父母到茶楼喝早茶、吃茶点的生活经验,因此本材料的内容较易被幼儿接受并产生共鸣。

②虽然幼儿对茶点的外形较熟悉，可是对名称却不一定说得准确。在幼儿的操作过程中，教师可重点引导幼儿在已有的生活经验基础上，学习对广式茶点进行图文匹配，以便日后在生活中运用。

③本材料中的茶点图卡及字卡数量较多，教师可提醒幼儿注意摆放材料时的空间安排，既不要拥挤，也不要超出地毯的范围，这对于幼儿空间思维能力的培养也有一定的促进作用。

案例 2-33

（1）活动名称：中国传统面点。

（2）活动目标：

①激发对中华饮食文化的兴趣。

②了解几种常见的中国传统面点。

③尝试使用木夹子夹点心，发展动作协调性。

（3）材料解读：

①以生动、精美的仿真面点以及操作中模拟上菜的动作与过程引发幼儿的兴趣。

②选取的材料均为天然制品，与中国传统风格相吻合。

（4）材料构成（见图 2-260）：

①仿真迷你面点笼：莲蓉包，葱花卷，小兔包，烧卖，奶黄包，水晶饺。

②竹制小碟子，木夹子，木盒，托盘。

③字卡牌，菜单。

（5）操作步骤：

①取出"中国传统面点"菜单，逐一认识其中的常见食品（见图 2-261）。

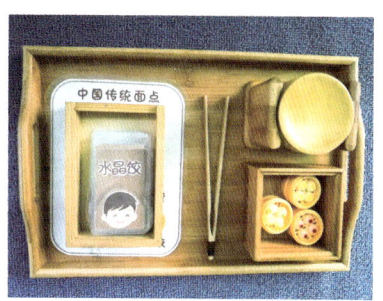

图 2-260　材料构成

图 2-261　认识中国传统面点

图 2-262　逐一取出字卡牌

②从托盘中取出字卡牌,点读文字并逐一将其立放在地毯上(见图 2-262)。

图 2-263　散放仿真面点

③从盒子中取出仿真面点,散放在地毯上(见图 2-263)。

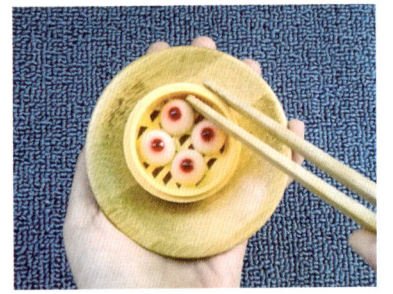

图 2-264　夹出面点

④取出竹制小碟子、木夹子和木盒,左手取小碟子,右手拿木夹子,小心地将面点笼夹到小碟子上(见图 2-264)。

图 2-265　将面点摆放在字卡牌前

⑤右手放下木夹子,双手将面点端到相应的字卡牌前,逐一完成全部对应(见图 2-265)。

⑥轻轻地翻开字卡牌下方的儿童笑脸,露出面点图片,检查面点与字卡牌是否一致(见图2-266)。

图 2-266　仔细检查是否一致

⑦逐一将面点、小碟子、木盒、字卡牌、菜单等整理到托盘中(见图2-267)。

图 2-267　逐一整理完成操作

(6)适合年龄:5—6岁。

(7)错误控制:在字卡牌的儿童笑脸后有面点照片,可供与仿真面点核对。

(8)注意事项:

①幼儿将面点夹到小碟子上后,应双手将小碟子送到字卡前。

②幼儿应将所有面点材料的操作完成后,才翻开字卡上的儿童笑脸查看错误控制。

(9)变化延伸:

①提供"中国传统面点"记录单。

②其他各类传统节日的应节食品。

③地方特色小吃。

(10)活动反思:

①"民以食为天",我们的生活离不开饮食,而"中国传统面食"是我国饮食文化的特色之一。通过本材料的设计,幼儿既可了解各种面点的名称,

又可学习使用木夹子夹点心的动作，发展动作协调性，更可激发幼儿对中华饮食文化的兴趣。

②此项工作除了可以单人完成外，还可由幼儿与同伴合作完成，分别担任顾客与服务员，以增加材料操作的趣味性。

③材料操作中有使用木夹子夹仿真迷你面点笼的动作，教师可提醒幼儿抓握木夹子的偏下部位，这样以更小的力度就可以把面点笼夹紧。

案例2-34

（1）活动名称：国家国旗首都转盘。

（2）活动目标：

①认识中国的国名、国旗、首都名称及著名建筑。

②了解邻国的国名、国旗、首都名称及著名建筑。

③萌发爱祖国、爱和平的情感。

（3）材料解读：

①材料内容中选取的邻国均为幼儿较熟悉的。

②将操作材料设计成转盘游戏的形式更能引起幼儿探究的兴趣。

（4）材料构成（见图2-268）：

①4个大小不一的可操作转盘。

②每个转盘上分别贴有国名、国旗图片、首都名称及代表性建筑物的标记图片。

（5）操作步骤：

①从托盘中取出转盘放在地毯上（图2-269）。

图2-268 材料构成

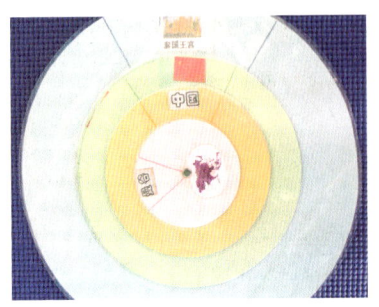

图2-269 取出转盘

②转动粉色圆盘，认识各国首都，说说首都名称（见图2-270）。

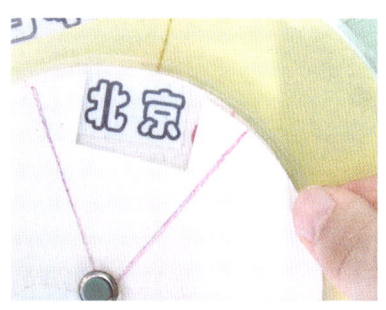

图2-270 认识各国首都

③先在粉色转盘中找到北京，再转动黄色转盘，找到中国（见图2-271）。

图2-271 认识国家与首都

④转动绿色转盘，找到中国的国旗（见图2-272）。

图2-272 认识国旗

⑤转动蓝色转盘，找到中国的代表性建筑物（见图2-273）。

图2-273 匹配代表性建筑物

图 2-274　继续其他国家的材料操作

⑥依上述步骤进行下一国家的材料操作（见图 2-274）。

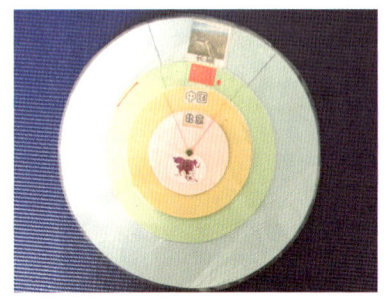

图 2-275　完成所有国家的材料操作

⑦以上述方法完成所有国家的首都、国名、国旗、代表性建筑物的材料操作（见图 2-275）。

（6）适合年龄：5—6 岁。

（7）错误控制：国家国旗首都转盘里都有一个不同颜色的圆点。

（8）注意事项：教师应注意提醒幼儿按照转盘的颜色一层层地转动，做到每个国家、国旗、首都、代表性建筑物的对应后，再转动转盘开始下一个国家的材料操作。

（9）变化延伸：设计关于欧洲某些国家的国家国旗首都转盘。

（10）活动反思：

①国家国旗首都转盘是一份没有固定开始点的材料，且这份材料的转盘层数多，幼儿很容易遗漏操作或操作错误。因此，在幼儿的操作过程中，教师应随时关注幼儿。当幼儿出现问题时，教师应及时引导幼儿进行正确的操作，以避免幼儿操作错误过多后无法完成材料的操作。

②这份材料内容多，且有一定的难度。在幼儿选择这份材料时，教师应判断幼儿的能力是否达到了相应的水平。如果幼儿的能力尚不足，教师应引导幼儿先完成与这份材料有关的前期材料，如"国旗与地图匹配""国旗与首

都"等材料的探索，当幼儿的能力达到操作要求时，再鼓励幼儿来挑战这份材料的操作。

案例 2-35

（1）活动名称：各国货币。

（2）活动目标：

①感知关于不同国家货币的文化。

②初步了解世界各国的货币。

③能根据货币上的图案说出相应的国家名称。

（3）材料解读：

①选用相片纸打印的高清版《各国货币》小书及各国货币卡能激发幼儿的兴趣。

②用三步卡的形式让幼儿进行操作，能够加深幼儿对各国货币的了解。

（4）材料构成（见图2-276）：

①《各国货币》小书。

②各国货币三步卡：图文卡、文字卡及货币卡。

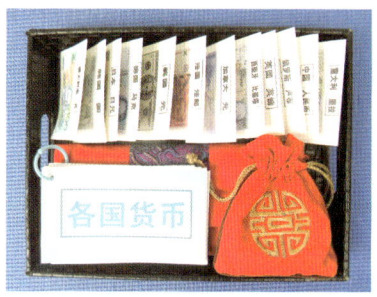

图 2-276　材料构成

（5）操作步骤：

①取出《各国货币》小书（见图2-277）。

图 2-277　取出《各国货币》小书

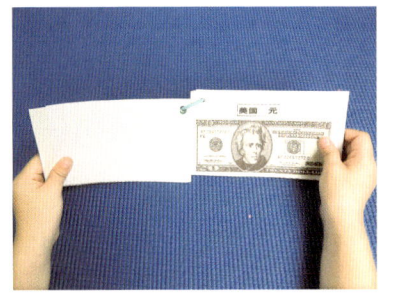

图 2-278 熟悉各国货币

②翻阅《各国货币》小书,熟悉各国货币(见图2-278)。

图 2-279 排列各国货币图文卡

③取出各国的货币图文卡有序摆放在地毯上(见图2-279)。

图 2-280 对应摆放文字卡

④取出空白文字卡,对照图文卡上的文字,把对应的文字卡摆放在图文卡的下方(见图2-280)。

图 2-281 摆完所有文字卡

⑤将所有的文字卡依次与图文卡对应摆放(见图2-281)。

⑥取出货币卡,参照货币图文卡,将货币卡对应粘贴到文字卡的空白处(见图2-282)。

图 2-282　对应粘贴货币卡

⑦完成所有货币卡的操作,对照货币图文卡检查粘贴操作是否正确(见图2-283)。

图 2-283　逐一完成所有操作

(6)适宜年龄:5—6岁。

(7)错误控制:所有的图文卡、货币卡背后都有相匹配的文字及货币图案。

(8)注意事项:教师要引导幼儿在操作时注意货币图文卡上的图案及文字,与操作时所摆放的文字卡上的文字和货币卡上的图案保持一致。

(9)变化延伸:

①可投放更多国家的货币卡及相关的图文卡、文字卡,让幼儿了解和认识世界各国的货币。

②可增加不同国家的国旗或者具有代表性的图片来与货币配对。

③投放"各国货币"记录单。

(10)活动反思:

①这份材料是基于幼儿已经对世界上的一些国家有了初步了解而设计的,旨在让幼儿能够在了解各国名称的基础上加深对各国货币的认识。教师根据这些国家的货币制作图文匹配的三步卡来进行操作,这样既能够引起幼儿探

索的兴趣，又可以帮助幼儿更直观准确地完成操作，还降低了操作的难度。

②当幼儿在操作中出现困难时，教师应该引导幼儿先观察货币图文卡的货币图案及文字，再对应找出相似的图案和文字，以提高操作的准确性。

案例 2-36

（1）活动名称：奥运会与吉祥物。

（2）活动目标：

①感受奥运精神，激发参加体育锻炼的兴趣。

②知道近三届奥运会的承办国家、会徽和吉祥物。

③提高做事情的条理性和有序性。

（3）材料解读：

①将奥运五环作为操作背景更能突出主题。

②使用奥运会吉祥物立体模型，能引发幼儿的操作兴趣。

③用各种立体图片操作更能让幼儿加深认识。

（4）材料构成（图 2-284）：

①奥运五环底板 1 块，中国、英国和巴西的国旗底座。

②不同国家的奥运会会徽、吉祥物及其名称卡。

图 2-284　材料构成

（5）操作步骤：

①将奥运五环底板取出观察，辨认五环颜色（见图 2-285）。

图 2-285　认一认奥运五环

②取出各国国旗图片（见图2-286），观察图片后说说国旗所代表的国家名称。

图2-286 认识奥运会承办国

③取出奥运会会徽图片（见图2-287），观察图片后找找三张图片中的相同与不同之处。

图2-287 认识各届奥运会会徽

④取出北京奥运会吉祥物模型，摆放在地毯上（见图2-288）。

图2-288 认识北京奥运会吉祥物

⑤取出吉祥物的名称卡，将名称卡对应放在吉祥物下方（见图2-289）。

图2-289 名称卡与吉祥物配对

图 2-290　摆放奥运会五环图卡

⑥将北京奥运会会徽图片摆放在吉祥物上方（见图 2-290）。

图 2-291　操作完成再次讲述

⑦逐一说说奥运会吉祥物（图 2-291）。

（6）适宜年龄：5—6 岁。

（7）错误控制：国旗、会徽、吉祥物名称卡的线条颜色一致。

（8）注意事项：

①因图片较多，在操作中教师要注意提醒幼儿认真观察奥运五环底板上面的国旗图案，逐一进行操作。

②在操作过程中，教师要注意提示幼儿不同颜色线条的作用。

（9）变化延伸：

①可根据班级幼儿的兴趣及经验适当增加全世界不同国家承办的各届奥运会与吉祥物的内容。

②了解更多有关奥运会的知识，如圣火传递及点火、圣火熄火的模式、各届奥运会的火炬模型等。

（10）活动反思：

①每四年一届的奥运会，让所有的人认识和欣赏到各种运动技能。通过

此活动，可让幼儿了解和认识奥运会，对运动产生兴趣，在日常生活中积极参加体育运动。

②当幼儿在操作中遇到困难时，教师应提醒幼儿按照材料中的不同指引标志来完成操作，也可以带领幼儿，以学习者的身份与幼儿一起共同探索材料。在幼儿完成操作后，教师可提醒幼儿用自己的语言说说在操作中了解到的奥运会知识。

案例 2-37

（1）活动名称：垃圾分类。

（2）活动目标：

①建立初步的环保意识，懂得不乱丢垃圾。

②熟悉垃圾分类的不同标识及不同标识所代表的意义。

③了解可回收垃圾、厨余垃圾、有害垃圾和其他垃圾，尝试进行垃圾分类。

（3）材料解读：

①选用仿真的迷你垃圾桶引起幼儿的兴趣，垃圾桶的大小适合幼儿操作。

②提供的各类垃圾图卡与幼儿的生活经验相关，便于幼儿辨识。

（4）材料构成（见图 2-292）：

图 2-292　材料构成

①红色、黄色、蓝色和绿色的垃圾分类桶，各类垃圾的图卡若干。

②托盘，小筐。

（5）操作步骤：

①从托盘中取出垃圾分类桶，并整齐摆放在地毯上（见图2-293）。

图 2-293　取出垃圾分类桶

图 2-294　认识垃圾分类桶上的标志

②认识可回收垃圾、厨余垃圾、有害垃圾、其他垃圾四个垃圾分类桶上的标志（见图 2-294）。

图 2-295　散放垃圾图卡

③取出各类垃圾图卡，散放在地毯上（见图 2-295）。

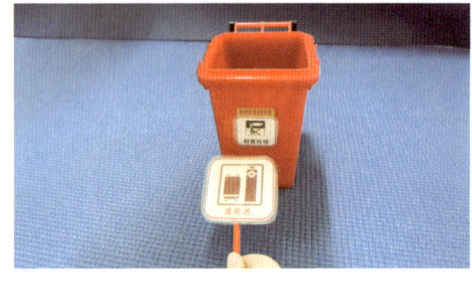

图 2-296　辨别垃圾图卡

④取出一个垃圾图卡，判断上面的标识物属于哪一类垃圾，将图卡摆放在垃圾桶前（见图 2-296）。

图 2-297　完成所有垃圾图卡摆放

⑤依此方式逐一将各类垃圾图卡分类摆放到垃圾桶前，完成所有垃圾图卡摆放（见图 2-297）。

⑥把各类垃圾图卡分别摆放到对应的垃圾桶内（见图2-298）。

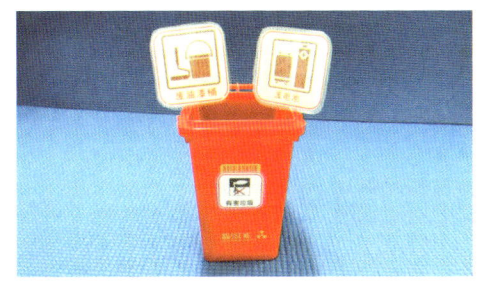

图 2-298　分类摆放垃圾图卡

⑦完成操作，检查后说一说不同颜色垃圾桶中的垃圾所属类别（见图2-299）。

图 2-299　完成操作

（6）适宜年龄：5—6岁。

（7）错误控制：各类垃圾图卡与垃圾桶的颜色一致。

（8）注意事项：将操作卡放入分类垃圾桶时，教师应提醒幼儿将图卡面对自己摆放，以便查看。

（9）变化延伸：

①可将各类垃圾的图卡换成迷你的实物。

②投放"垃圾分类"记录单。

（10）活动反思：

①此份材料的内容贴近幼儿的生活经验，幼儿容易接受并产生浓厚的操作兴趣。

②在幼儿的操作过程中教师需要引导幼儿先观察各类垃圾的图卡，猜一猜它属于哪一类垃圾，然后再进行投放，增加幼儿操作的乐趣。

③此份材料中各类垃圾的图卡数量较多，教师可提醒幼儿在摆放材料时注意空间安排，不要让材料过于拥挤，也不要让材料超出地毯的范围，做到有序高效地完成操作。

案例2-38

（1）活动名称：地铁文明。

（2）活动目标：

①萌发做个文明小乘客的意识和愿望。

②了解乘坐地铁时的公共规则。

③尝试将了解到的公共规则应用到生活中。

（3）材料解读：

①材料主题紧跟时代的发展，从身边常见的交通工具出发，贴近幼儿的生活。

②材料通过形象的卡通图案，生动地描绘出乘坐地铁的各种公共规则，通俗易懂。

图2-300　材料构成

（4）材料构成（图2-300）：

①地铁文明卡通图卡及配对彩色字卡各1套。

②木质托盘、藤筐各1个。

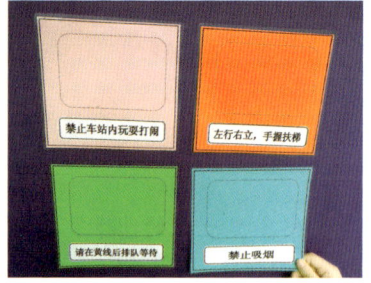

图2-301　摆放彩色字卡

（5）操作步骤：

①取出地铁文明彩色字卡，整齐地摆放在地毯上（图2-301）。

第二章　社会区材料案例

②指着彩色字卡逐一说说乘坐地铁的公共规则（图 2-302）。

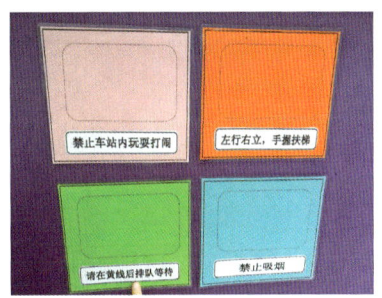

图 2-302　说说乘坐地铁的公共规则

③取出地铁文明卡通图卡，观察画面，理解画面描述的规则含义（图 2-303）。

图 2-303　观察卡通图卡

④找到与卡通图卡含义相同的彩色字卡，将图卡放在字卡的方框内（图 2-304）。

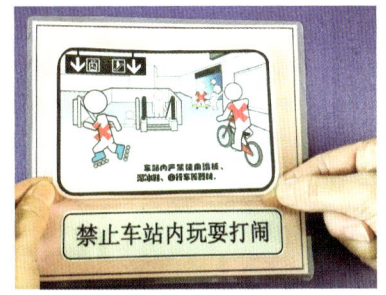

图 2-304　将图卡与字卡匹配

⑤逐一取出图卡进行观察，了解地铁文明行为的不同要求，并将其与字卡相对应（图 2-305）。

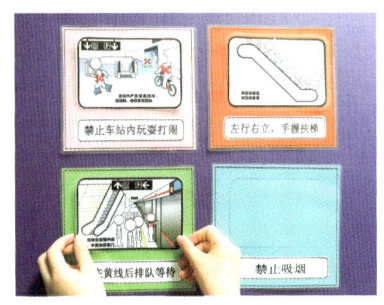

图 2-305　逐一完成图卡操作

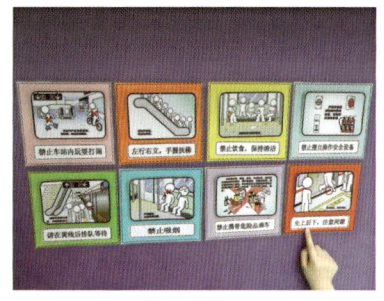

图 2-306 逐一核对检查

⑥用上述方法将所有的图卡与字卡配对后,逐一参照错误控制进行检查(图 2-306)。

图 2-307 收拾整理材料

⑦核对完成,再次完整地讲述后,将所有材料整理到托盘中(图 2-307)。

(6)适合年龄:5—6 岁。

(7)错误控制:地铁文明卡通图卡外边框的颜色与彩色字卡的颜色相同。

(8)注意事项:

①若教师注意引导幼儿观察卡通图卡画面,则幼儿更容易从画面中理解各条公共规则的含义。

②如果幼儿的识字量较少,那么教师可协助幼儿共同指读操作卡上的文字。

(9)变化延伸:

①电影院里的文明行为。

②图书馆里的文明行为。

(10)活动反思:

①本材料的主题选自幼儿身边的真实生活,幼儿对乘坐地铁有一些生活经验,了解乘坐地铁的一般文明规则与要求,同时采用形象的卡通图画形式

向幼儿介绍乘车规范，符合幼儿的心理特点，幼儿比较容易理解和接受。

②教师在指导幼儿操作的过程中，先引导幼儿观察图卡，理解、讲述图卡画面上的意思，然后再进行图文匹配。当然对于识字量较大的幼儿，也可以鼓励他们根据图卡的文字提示与字卡进行匹配。

③在幼儿操作结束后，教师可引导幼儿说一说如何才能成为文明小乘客，鼓励幼儿在生活中乘坐地铁时遵照以上的规则与要求。

案例 2-39

（1）活动名称：文明小读者。

（2）活动目标：

①熟悉图书馆里的文明行为规则。

②懂得如何做个文明小读者。

③认识图书馆里的相关标志。

（3）材料解读：

①用书签的形式制作一张文明提示卡。

②配上相应的标志。

（4）材料构成（见图 2-308）：

①文明小读者提示板，保持安静的标志，文明小读者字卡。

②托盘，小盒子。

图 2-308　材料构成

（5）操作步骤：

①取出文明小读者提示板，指读上面的内容（见图 2-309）。

图 2-309　取出提示板

图 2-310 散放字卡

②取出字卡,观察字卡上的文字后将其散放在地毯上(见图 2-310)。

图 2-311 摆放操作底板

③取出操作底板并摆放在地毯上(见图 2-311)。

图 2-312 摆放保持安静的标志

④取出保持安静的标志,对照提示板将其摆放到底板上相应的位置(见图 2-312)。

图 2-313 摆放文明小读者字卡

⑤对照提示板,将其他文明小读者字卡摆放在相应的位置并指读(见图 2-313)。

⑥依次摆放字卡,完成全部操作(见图2-314)。

图 2-314　依次完成全部操作

⑦对照提示板进行自我检查,再次说说文明小读者在图书馆里应遵守的行为规则(见图2-315)。

图 2-315　再次说说文明行为规则

(6)适宜年龄:5—6岁。

(7)错误控制:文明小读者提示板上的字卡边框颜色与字卡的颜色一致。

(8)注意事项:教师应注意引导幼儿一边说一边操作。

(9)变化延伸:

①可将文明小读者提示板做成不同形状的。

②可将制作好的文明小读者提示板投放到班级阅读角使用。

(10)活动反思:

①大班阶段是幼儿学习品质养成的最佳时期,良好的阅读习惯不可或缺。教师以文明小读者为素材设计了此份操作材料,从目标到内容的选择都充分尊重了幼儿的年龄特征和学习需求。

②在操作此份材料时教师可以适当地引导幼儿先说说文明小读者需要遵守哪些规则,再认读字卡,这样有助于幼儿对文字的理解记忆。

③在幼儿完成操作后,教师可以鼓励幼儿通过材料提示中的文字及不同

的边框颜色进行自我检查与修正，以加深印象。

案例 2-40

（1）活动名称：传统节日。

（2）活动目标：

①感受传统节日中中华民族的文化传统。

②熟悉传统节日，了解传统节日的主要习俗。

③能说出传统节日的名称、时间、主要特点。

（3）材料解读：

①选用中国风古典祥云和古典扇形作为载体来呈现中国传统节日，以引起幼儿的兴趣。

②在自制祥云底座上要粘贴带凹槽的嵌入式文件夹，以便古典扇形图卡嵌入后能立起来。

图 2-316 材料构成

（4）材料构成（见图 2-316）：

①带有中国风古典祥云的底座，古典扇形图卡，节日字卡，图卡，时间卡。

②托盘，小盒子。

图 2-317 排列祥云底座

（5）操作步骤：

①从托盘中取出祥云底座在地毯上排成一排（见图 2-317）。

②取出扇形图卡依次嵌入祥云底座的凹槽文件夹（见图2-318）。

图2-318　嵌入扇形图卡

③取出图卡和字卡对应排列（见图2-319）。

图2-319　有序排列图卡和字卡

④将图卡和字卡对应粘贴到扇形图卡上（见图2-320）。

图2-320　对应粘贴图卡和字卡

⑤将所有的图卡和字卡依次对应粘贴到扇形图卡上（见图2-321）。

图2-321　完成所有图文的粘贴

图 2-322 摆放时间卡

⑥取出时间卡摆放在地毯上（见图 2-322）。

图 2-323 对应完成所有操作

⑦将时间卡和扇形图卡依次对应摆放，并说说节日的时间、名称和主要习俗（见图 2-323）。

（6）适宜年龄：5—6 岁。

（7）错误控制：所有图卡边框的颜色和字卡上文字的颜色对应匹配。

（8）注意事项：祥云底座上粘贴的凹槽嵌入式文件夹较易脱落，在操作中教师应注意引导幼儿小心地嵌入。

（9）变化延伸：

①可了解各个节日中还有哪些习俗，如贴对联、挂灯笼等。

②可增加中国的传统节日，如清明节、重阳节等。

③投放"传统节日"记录单。

（10）活动反思：

①节日是社会生活的一个组成部分，幼儿在生活中对节日已经有了初步的了解。在幼儿操作此份材料时，教师可引导幼儿了解与节日相关的习俗。

②在幼儿的操作过程中，教师可引导幼儿说出节日的名称和时间等，让幼儿懂得节日的名称、时间与习俗是有联系的。

案例 2-41

（1）活动名称：少数民族节日。

（2）活动目标：

①萌发探索少数民族节日风俗的兴趣。

②了解以苗族、瑶族和彝族为代表的少数民族节日。

③增强观察事物的能力及口语表达的能力。

（3）材料解读：

①将平面图片设计得具有立体感，能够吸引幼儿的兴趣。

②这是一份认知性较强的操作材料，在每一个操作环节都设计有隐藏的指引线以指导幼儿。

图 2-324　材料构成

（4）材料构成（见图 2-324）：

①少数民族节日图片，节日名称卡片，苗族、瑶族和彝族的字卡各 1 张。

②托盘，具有中国特色的小红盒，小铁盒，小托盘。

（5）操作步骤：

①从托盘中取出小红盒打开，将字卡一一认读后摆放在地毯上（见图 2-325）。

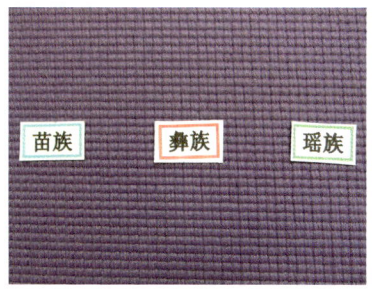

图 2-325　摆放少数民族字卡

②从小托盘中先找蓝色边框的苗族朋友，再找绿色边框的瑶族朋友，最后找红色边框的彝族朋友，并仔细观察图片上的内容（见图 2-326）。

图 2-326　摆放少数民族节日图片

图 2-327　散放节日名称卡片

③取出小铁盒,散放节日名称卡片并逐一认读节日名称(见图 2-327)。

图 2-328　节日名称卡片对应图片

④将节日名称卡片对应节日图片摆放(见图 2-328)。

图 2-329　继续摆放节日图片

⑤以同样的方法摆放另外一组节日图片(见图 2-329)。

图 2-330　完成所有图文操作

⑥找出节日名称卡片,将其放到相应的节日图片下面(见图 2-330)。

⑦说一说少数民族节日。请说一句完整的话，如："苗族的节日有斗马节、芦笙节等。"（见图2-331）

图2-331 说说少数民族节日

（6）适宜年龄：5—6岁。

（7）错误控制：

①相同少数民族节日卡片的边框颜色一致。

②在对应的少数民族节日图片与名称卡片的背面，教师会设计一个相同的几何图形，以便于幼儿进行自我检查与修正。

（8）注意事项：教师应注意引导幼儿一边操作一边说。

（9）变化延伸：

①可认识更多的少数民族节日。

②可制作一本少数民族节日绘本供幼儿欣赏。

③建议有条件的幼儿在父母的带领下体验少数民族的生活。

（10）活动反思：

①通过本次操作活动，幼儿对少数民族有了大致的了解，如果条件允许，应该创造机会让幼儿更多地体验少数民族的生活，使其身临其境，增加相关的经验。

②此份材料中涉及的文字较多，对大班幼儿来说具有一定的挑战性，教师可以与幼儿共同操作，边操作边讲解文字的内涵。

案例2-42

（1）活动名称：中国地方戏曲。

（2）活动目标：

① 激发对我国传统戏曲的兴趣。

② 初步了解中国戏曲，知道地方戏曲是我国的文化瑰宝。

③ 发展对音乐的鉴赏能力及专注水平。

（3）材料解读：

① 以音乐手机的形式引起幼儿的兴趣。

② 选定几个比较有名的中国地方戏曲。

（4）材料构成（见图2-332）：

图2-332　材料构成

① 存有多种中国地方戏曲的音乐手机。

② 中国地方戏曲小书，地方戏曲名称卡。

（5）操作步骤：

① 取出地方戏曲小书并排列在地毯上（见图2-333）。

图2-333　排列地方戏曲小书

② 逐一翻阅并欣赏地方戏曲小书（见图2-334）。

图2-334　欣赏地方戏曲小书

图2-335　排列地方戏曲名称卡

③ 取出地方戏曲名称卡并排列在地毯上（见图2-335）。

④将地方戏曲名称卡对应摆放在地方戏曲小书的右侧（见图 2-336）。

图 2-336　将名称卡与小书对应

⑤依次将所有的地方戏曲名称卡对应摆放到地方戏曲小书的右侧，并说出自己知道的中国地方戏曲名称和特点（见图 2-337）。

图 2-337　完成所有图文匹配

⑥取出音乐手机，选择自己想欣赏的地方戏曲（见图 2-338）。

图 2-338　选择地方戏曲

⑦欣赏自己喜欢的地方戏曲（见图 2-339）。

图 2-339　欣赏地方戏曲

（6）适宜年龄：5—6岁。

（7）错误控制：中国地方戏曲小书边框的颜色和对应的名称卡上文字的颜色一致，音乐手机上的戏曲曲目名称和小书上的名称一致。

（8）注意事项：教师应注意引导幼儿多翻阅和欣赏戏曲小书，以便对每种戏曲的特点有更深入的了解。

（9）变化延伸：

①在班级的角色区投放中国地方戏曲中的服装和道具，鼓励幼儿表演。

②将音乐手机中的曲目更换成地方戏曲的相关视频，让幼儿更直观深入地了解地方戏曲，并尝试唱唱、演演。

③根据幼儿的需要投放更多的"中国地方戏曲"资料。

（10）活动反思：

①戏曲是中国文化的瑰宝，幼儿平时接触和了解中国戏曲的机会较少，教师在设计这份材料时应该考虑到本班幼儿的年龄特点和发展情况，根据现实需要选择一些常见的、耳熟能详的中国地方戏曲。

②教师引导幼儿欣赏戏曲时，可帮助幼儿了解该戏曲的特点，如：安徽的黄梅戏以它的优美、朴实和委婉动听受到全国人民的喜爱。

案例 2-43

（1）活动名称：不同字体书法。

（2）活动目标：

①萌发对中国书法的兴趣与热爱。

②了解"永"字的八种书法字体。

③提高幼儿对不同书法字体的鉴赏力。

（3）材料解读：

①此份材料的设计旨在展现中国文化，因此托盘、小盒子和小锦袋在选材上都体现了中国特色的元素搭配。

②选书写书法的卷轴作为底板，可让幼儿感受到书法之美。

③将卷轴立体化，每个卷轴中间都有魔术贴，可以将字卡粘贴上去，便于幼儿操作、欣赏。

（4）材料构成（见图2-340）：

①"永"字楷体字卡，不同字体参照板及字体卡，不同字体的名称卷轴。

②托盘，小盒子，小锦袋。

（5）操作步骤：

①取出不同字体的参照卡，仔细观察参照卡上"永"字的各种写法（见图2-341）。

②分别将"永"字、卷轴、字体卡取出并散放在地毯上（见图2-342）。

③取出"永"字并认识"永"字（见图2-343）。

④将"永"字及卷轴整齐地摆放在地毯上（见图2-344）。

图2-340　材料构成

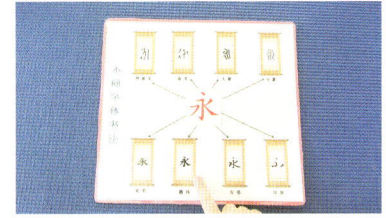

图2-341　取出参照卡

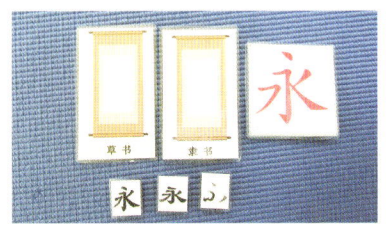

图2-342　散放"永"字、卷轴及字体卡

图2-343　认识"永"字

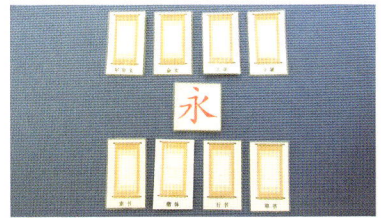

图2-344　摆放卷轴

图 2-345 认识不同的字体

⑤取出楷体"永"字,对照参照卡说说手中的"永"字是哪种字体(见图 2-345)。

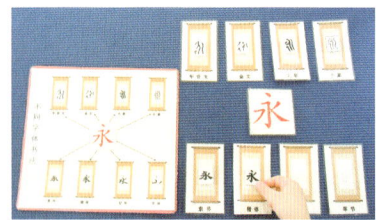

图 2-346 粘贴字体卡

⑥仔细观察不同字体的"永"字,将对应的字体卡粘贴到卷轴上的相应位置(见图 2-346)。

图 2-347 完成操作

⑦依此方法,按⑤、⑥步骤,将各种字体的"永"字摆放在相应的卷轴上(见图 2-347)。

(6)适宜年龄:5—6 岁。

(7)错误控制:卷轴背面贴有正确的字体。

(8)注意事项:在操作中教师可提醒幼儿根据参照卡上的顺序摆放字体。

(9)变化延伸:

①可更换不同的汉字及其不同的字体。

②投放"不同字体书法"记录单。

(10)活动反思:

①在幼儿取放材料的过程中,教师应提醒幼儿有序取放,养成良好的秩序感。

②在幼儿操作的过程中,教师可引导幼儿观察每种字体的不同与相同之处并说一说,感受书法的美,了解中国文字的博大精深,提高幼儿对书法的

兴趣。

③此份材料中字卡、卷轴的数量较多，教师可提醒幼儿注意摆放材料时的空间安排，使材料不要摆放得过于拥挤，以免漏摆。

案例 2-44

（1）活动名称：茶道。

（2）活动目标：

①了解中国的茶文化，懂得简单的茶道礼仪。

②熟悉泡茶时的沏泡基本步骤及泡茶工具的使用方法。

③尝试动手泡茶，发展动手能力。

（3）材料解读：

①选用小巧精致的茶具以增强幼儿动手的兴趣。

②投放的泡茶工具大小适宜，方便幼儿拿取。

③保温杯中的水温不宜过热，要注意操作中的安全。

④水壶 1/3 处设计了一根标记线，用于控制茶叶的数量。

（4）材料构成（见图 2-348）：

①保温杯、茶壶各 1 个，杯子 4 个，装有茶叶的茶叶罐，茶匙。

②茶盘，毛巾，小托盘。

图 2-348　材料构成

（5）操作步骤：

①从茶盘中取出茶叶罐并打开（见图 2-349）。

图 2-349　打开茶叶罐

图 2-350　用茶匙取适量茶叶

②用茶匙取适量茶叶（见图 2-350）。

图 2-351　将茶叶放入茶壶

③将茶叶缓缓倒入茶壶中，注意不要超过标记线（见图 2-351）。

图 2-352　将热水倒入茶壶

④取出保温瓶将热水徐徐倒入茶壶里洗茶（见图 2-352）。

图 2-353　洗茶

⑤双手托壶将洗茶水倒出（见图 2-353）。

⑥摆好茶具,用同样的方法把茶壶倒满水,将茶水分至小茶杯里(见图2-354)。

图 2-354　分茶

⑦分好茶后,双手端茶,邀请同伴品尝(见图2-355)。

图 2-355　邀请同伴品茶

(6)适合年龄:5—6岁。

(7)错误控制:

①放茶叶时不要超过茶壶里面的控制线,以免茶叶过多影响口感。

②往茶壶里注水时不要注得太满,倒茶水时小心溢出。

(8)注意事项:教师应注意提醒幼儿注水时不要注得太满,要注意安全。

(9)变化延伸:可组织幼儿欣赏更多的茶道文化,鼓励幼儿回家为长辈泡茶喝。

(10)活动反思:

①茶道文化是我国传统礼仪中的重要内容,教师为大班幼儿设计此操作材料,旨在让幼儿通过泡茶、赏茶、品茶了解简单的泡茶过程,懂得先人后己、长幼有序的茶道礼仪,选用精致小巧的泡茶工具更能提升泡茶的趣味性。

②在泡茶的过程中,教师应提醒幼儿用正确的方法倒温开水,开水一次不要倒得过满,注意安全。

③当发现有的幼儿放茶叶过多或者过少，导致味道过浓或者过淡时，教师要提醒幼儿观察水壶中的提示线，在不断尝试中泡出最佳口感的香茶。

案例 2-45

（1）活动名称：世界之最。

（2）活动目标：

①激发了解世界之最的意愿及爱祖国的情感。

②了解各国世界之最的名称及特色。

③发展观察事物及语言表达的能力。

（3）材料解读：

①选用标签架将图片立起来，能给幼儿更为直观的感受。

②选用的图片清晰、特征明显、大小适中，与标签架的大小吻合。

③将图卡与字卡分开装，便于幼儿取放。

图 2-356　材料构成

（4）材料构成（见图 2-356）：

①《世界之最》小书，标签架，图卡，字卡。

②图卡底板，精美的小盒子。

图 2-357　阅读小书

（5）操作步骤：

①从托盘中取出《世界之最》小书，认真翻阅小书（见图 2-357）。

第二章 社会区材料案例

②参照小书，将图卡底板摆放到地毯上（见图2-358）。

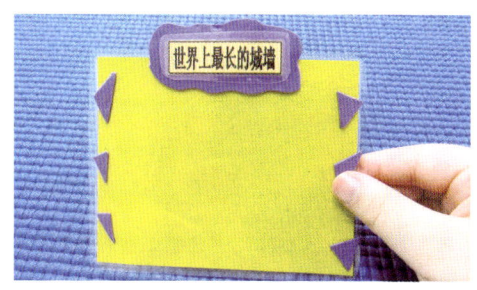

图 2-358　摆放图卡底板

③从盒中将图卡取出，散放在地毯上（见图2-359）。

图 2-359　散放图卡

④仔细观察图卡，参照小书，将图卡摆放到对应的图卡底板上，说说图卡上的世界之最名称（见图2-360）。

图 2-360　摆放对应的图卡

⑤从盒中将字卡取出，散放在地毯上（见图2-361）。

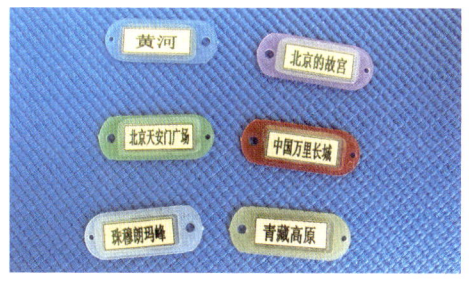

图 2-361　散放世界之最字卡

⑥将字卡摆放到对应的图卡前方，再次说说世界之最的名称及所属国家的名称（见图2-362）。

图2-362　字卡和图卡配对

⑦依此进行，完成所有操作后讲述世界之最（见图2-363）。

图2-363　完成操作后讲述

（6）适宜年龄：5—6岁。

（7）错误控制：图卡边框的颜色与字卡边框的颜色一致。

（8）注意事项：

①在幼儿操作时教师应提醒幼儿将字卡摆放到图卡的右下角。

②教师应提醒幼儿一边操作一边说。

（9）变化延伸：

①可将图片换成迷你的实物模型。

②投放"世界之最"记录单。

（10）活动反思：

①在幼儿的操作过程中教师要注意观察幼儿摆放材料时的空间安排，不要让材料摆放得过于拥挤。

②教师要注意引导有困难的幼儿借助于小书进行操作，摆放好后可引导幼儿说说世界之最的名称及所属国家。

③在幼儿操作时，教师可引导其先观察图片，猜一猜，再进行摆放，以

增加操作的乐趣。

案例 2-46

（1）活动名称：中外画家与作品。

（2）活动目标：

①感受名画中的色彩变化、表现手法及艺术风格。

②认识著名的画家及其代表作。

③提高对美的欣赏能力。

（3）材料解读：

①选择具有代表性的、色彩丰富的名画，以引起幼儿的兴趣。

②使用魔术贴，可以将作品名称粘贴到作品旁。

③选用色彩亮丽的硬卡纸制作相框。

（4）材料构成（见图2-364）：

①名画图卡，名画名称字卡，画家肖像图卡，《中外画家与作品》小书。

②托盘，小盒子。

图 2-364　材料构成

（5）操作步骤：

①从托盘中取出小书仔细翻阅，了解画面内容（见图2-365）。

图 2-365　翻阅小书了解内容

图 2-366　摆放名画图卡

②将名画图卡摆放到地毯上，逐一仔细观察（见图 2-366）。

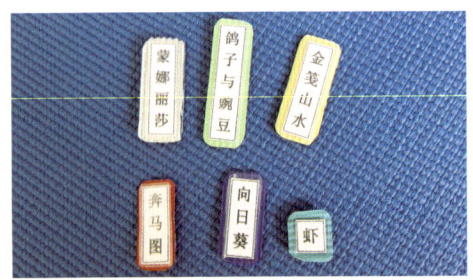

图 2-367　散放名画名称字卡

③取出名画名称字卡，将字卡散放在地毯上（见图 2-367）。

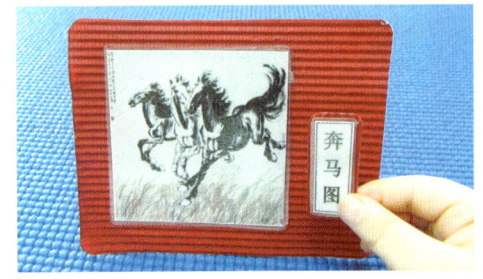

图 2-368　图文对应摆放

④将名画名称字卡粘贴到相对应的名画图卡的右边（见图 2-368）。

图 2-369　散放画家肖像图卡

⑤将画家肖像图卡散放在地毯上（见图 2-369）。

⑥将画家肖像图卡摆放到对应的名画图卡右下角（见图2-370）。

图2-370 画家图卡对应名画图卡摆放

⑦完成操作后，逐一讲述名画及画家（见图2-371）。

图2-371 完成操作后讲述

（6）适宜年龄：5—6岁。

（7）错误控制：名画图卡底板的颜色与画家肖像图卡边框和名画名称字卡边框的颜色一致。

（8）注意事项：在幼儿的操作过程中，教师要注意引导幼儿将画家肖像图卡摆放到名画的右下角。

（9）变化延伸：

①可根据班级幼儿的兴趣增加名画的数量。

②投放对应的记录单。

（10）活动反思：

①此份材料的主题源于幼儿对名画的好奇心与探索的兴趣。幼儿对部分名画比较熟悉，可对具体的名画名称及画家不是很了解，教师可引导幼儿在已有知识经验的基础上，了解名画的名称及画家，对识字量不大或认读有困难的幼儿，教师需要及时介入并给予辅导。

②可将材料进行区域与区域间的融合，在幼儿完成此份材料的操作后，教师可以引导幼儿选择自己最喜欢的一幅名画，到美工区进行创作。

第三章
教师对幼儿的支持

在区域活动中进行个别探究是幼儿自主活动的一种重要形式。教师应尊重、信任幼儿,为幼儿主动学习创造所需的环境和条件,注重对幼儿主动学习能力的培养。区域活动能较好地体现出个别化差异性教学的意义,每个幼儿依据自己的喜好、兴趣特点、学习节奏及发展水平,在教师所提供的准备充分的环境和资源中自主选择、合作交往、探索发现,通过与材料互动来满足自主学习的愿望及发展需求,建立和获得不同领域的经验并内化建构自己的知识结构。而教师作为幼儿的支持者、引导者与合作者,在区域活动中的指导虽是非正式的、随机的、隐性的,但其作用却是不可忽视的。教师不仅要关注全体幼儿的操作状态,及时获得现场的第一手信息,还要掌握幼儿的个体差异和情感、认知能力的发展阶段,并在幼儿操作和发展遇到困难时分析现象背后的原因,反思、判断,针对不同的幼儿提供策略或科学有效的支持,使每个幼儿在高效、互动、自主的环境中得到最大化的发展。

第三章 教师对幼儿的支持

第一节 单次活动中教师的支持

区域活动是幼儿自我发现、自我探索、自我学习、自我完善的过程。教师在区域活动中对幼儿的支持起着至关重要的作用,远比传统的以知识为本位、以教师为中心的集体教学重要。教师要在观察和了解的基础上信任幼儿,鼓励他们独立操作并尝试新材料。当幼儿能顺利地进行自主操作与独立探究时,教师只需在旁静心观察,为幼儿的成功喝彩;而当幼儿真正有需要时,教师则要适时介入,为幼儿提供有针对性的、适宜的、科学的指导和支持,引导并逐步培养幼儿的独立性及良好的学习品质。下面我们根据幼儿园小班、中班、大班幼儿的活动情况,提供三个不同形式的社会区教师指导案例,从而引导读者了解在区域活动中,教师如何依据材料内容、幼儿的不同年龄特点及发展水平,为幼儿提供适宜的支持策略。

一、小班案例分析

小班幼儿的社会性发展特点是以"自我"为中心,在入园前主要与最亲近的爸爸妈妈、爷爷奶奶、外公外婆等家人以及其他成人有密切的关系和交往,缺乏集体生活的经验,不会处理自己与他人的关系等。教师应如何在社会区活动中激发和培养幼儿良好的人际交往意愿与技能呢?在小班幼儿入园初期,教师可以尝试引导他们以家庭为单位,从认识身边熟悉的亲人开始,增强幼儿的交往兴趣、意识和技能。因此,在为读者呈现小班案例时,我们选择的是一份名为"我幸福的一家"的活动材料,通过翔实的文字描述,生动地为读者展现小班幼儿操作的特点、遇到疑难时的表现,以及教师如何在活动现场观察幼儿、介入活动、分析支架等,进而深入剖析教师在区域现场活动中如何在观察和分析的基础上与幼儿开展有效互动,支持幼儿的后续发展。

(一)幼儿班级:小班

(二)材料名称:我幸福的一家

(三)材料来源:《指南》3—4岁社会—社会适应—目标3的子目标"1. 知道和自己一起生活的家庭成员及与自己的关系,体会到自己是家庭的一员"

(四)活动实录(见表3-1)

表3-1　小班幼儿社会区活动实录表

活动内容	幼儿行为	教师策略
幼儿来到社会区活动柜前寻找自己喜欢的材料。	幼儿在活动柜前徘徊,认真观察材料大约2分钟后,转身以目光向教师求助。	教师在远处观察其余幼儿的操作情况,发现幼儿求助的目光后,立即走到该幼儿的身后。
幼儿在活动柜前,与教师共同选择材料。	幼儿看到教师走近,仍站在活动柜前,犹豫如何选择自己需要的材料。	教师征询幼儿对材料选择的意愿及想法,并结合对幼儿已有经验的了解,向幼儿推荐了一份"我幸福的一家"的活动材料。
幼儿将材料摆放在地毯上,逐一取出材料进行观察,准备探索材料。	幼儿欣然接受教师的建议,边看边逐一取出材料放在地毯上,再请教师指导具体的操作方法。	教师请幼儿取出材料进行观察,确定幼儿的帮助需求后,向幼儿展示材料操作的前几个步骤,然后询问幼儿是否愿意尝试操作。
幼儿尝试操作材料,教师继续陪伴并观察幼儿的行为。	幼儿尝试操作材料,选取一张熟悉的"妈妈"爱心卡放到操作板中,完成后回头看着教师,希望得到教师的肯定。	教师陪伴幼儿,观察幼儿的操作,当幼儿看向教师时,教师以点头和微笑回应幼儿,鼓励幼儿继续操作。
幼儿继续操作,取出"哥哥"的卡片后观察了几秒,犹豫不决,回头看向教师。	幼儿继续完成操作,取出"哥哥"的卡片后观察并犹豫了一会儿,转头回看教师,希望得到教师的回应与帮助。	教师发现幼儿求助的信息,微笑着问:"你遇到了什么困难?你想让老师怎样帮助你呢……"鼓励幼儿将自己遇到的问题和想法用语言表达出来,同时培养幼儿解决问题的意识。

续表

活动内容	幼儿行为	教师策略
教师鼓励幼儿表达并给予幼儿适宜的指导和帮助。	幼儿面向教师小声说："老师，我不会，请您帮帮我。"然后，将卡片递给教师。	教师微笑着肯定幼儿的语言表述，一边指着卡片上的图形引导幼儿观察，一边读"哥哥"，并鼓励幼儿再次在操作卡上寻找相应的内容。
幼儿继续完成操作，结束后有序地整理材料并将其归位。	幼儿在操作卡中找到"哥哥"的内容与之匹配，兴奋地拍拍双手，向教师露出开心的表情。操作结束，幼儿有序地整理材料并将其送回活动柜。	当幼儿完成全部操作后，教师肯定幼儿的努力和成功，并鼓励幼儿下次挑战独立完成操作。

（五）幼儿发展与教师支持

1. 幼儿学习品质分析

（1）针对幼儿发展的研究

该案例中的幼儿小班刚入园3个月，不仅对活动柜中的各式新颖材料具有强烈的好奇心，还喜欢通过摆弄、操作获取成功新体验的学习形式。幼儿在入园3个月里已初步形成区域活动操作的基本常规和习惯：知道每个区域的名称和取放材料的基本流程，知道小心轻放和爱惜材料，还知道在遇到疑难时举手示意请求教师帮助等。但是，幼儿在选择及操作新材料时仍有一定的依赖性，希望得到教师的陪伴和支持，因此对于该阶段的幼儿，教师应在营造幼儿良好的安全感的基础上，逐步培养幼儿选择材料的主动性、操作的独立性以及表达的完整性等良好的学习品质，以促进幼儿持续性的学习和发展。

（2）基于教师行为的分析

案例中的幼儿入园时间不长，性格较为内向，当教师发现幼儿站在活动柜前没有明确的目的性转而向教师投以求助的眼神后，及时来到幼儿的身边（见图3-1），并在对幼儿的已有经验有所了解和征询幼儿的意向后，向幼儿推荐了适合幼儿最近发展区的材料。教师注重以尊重和平等的方式与幼儿建立相互信任的师幼关系,引导幼儿通过观察比较的方式完成材料探究,巩固已有的知识经验,并学习用语言来表述自己的意愿和想法。在整个过程中教师一直陪伴着幼儿,用微笑支持幼儿的探究,肯定幼儿的努力和成功;活动后及时反思、总结幼儿的活动,鼓励幼儿在下一阶段尝试独立完成操作,以培养幼儿操作的独立性及专注性。

图3-1 教师指导幼儿探索材料

2.幼儿领域发展分析

(1)针对幼儿发展的研究

幼儿在生活中能清晰地区分出与其密切相关的各家庭成员,但受独生子女生活经验及操作材料平面图画形象的影响,对哥哥、姐姐等人物较为生疏。通过操作此份材料,幼儿既加深了对各家庭成员名称的认识,也萌发了对各家庭成员的外形特点及社会职业等信息的了解兴趣。

(2)基于教师行为的分析

从以上的案例中我们可以看到,教师基于对幼儿前期的生活经验及兴趣的了解和尊重幼儿的前提,向幼儿推荐此份材料,并鼓励幼儿大胆地用语言表达自己的意愿和想法,培养幼儿的语言表达能力及初步解决问题的意识。在幼儿现场操作材料的过程中,教师结合操作示范法和问题引导法,帮助幼儿成功地完成此份材料的操作，幼儿通过观察和比较，清晰地了解了家庭各成员的对应名称及特点，增进了幼儿对身边人际关系的认知。

二、中班案例分析

中班阶段的幼儿在区域活动中的自主性较小班时有所提高，表现为选择材料的目的性、参与活动的积极性、探究操作的专注性、观察思考的探究性等增强。幼儿在参与探究社会区各材料并与之互动的过程中，受认知水平、学习方式的差异及个体特点的影响，存在较大的差异，因而教师针对不同的幼儿所采取的教育支持策略也有所不同。在为读者选择中班教师对幼儿社会区活动的支持案例时，为方便读者对小班、中班社会区活动中幼儿的行为进行比较，了解小班、中班幼儿发展水平的差异变化，我们选择了"各行各业"这个案例，使其更具连续性和层次性。该案例通过翔实的文字描述，向读者生动地呈现教师如何关注和了解幼儿的学习过程、观察和分析幼儿遇到的疑难、思考和把握介入的最佳时机和方法等。

（一）幼儿班级：中班

（二）材料名称：各行各业

（三）材料来源：《纲要》4—5岁社会—内容与要求—"6.与家庭、社区合作，引导幼儿了解自己的亲人以及与自己生活有关的各行各业人们的劳动，培养其对劳动者的热爱和对劳动成果的尊重"

（四）活动实录（见表3-2）

表3-2 中班幼儿社会区活动实录表

活动内容	幼儿行为	教师策略
幼儿在社会区活动柜前寻找自己感兴趣的材料。	幼儿有目的地在社会区活动柜前观察了一会儿，终于找到自己感兴趣的"各行各业"这份材料。	教师站在教室的一角，便于观察幼儿的整体工作情况，及时发现有帮助需求的幼儿。

续表

活动内容	幼儿行为	教师策略
幼儿观察并探索材料，教师在幼儿旁边走动观察，适时指导。	幼儿将托盘放到地毯上，从中逐一取出材料并观察，然后将其随意地摆放在地毯上。	教师在幼儿旁边走动观察，适时指导。
	幼儿开始尝试操作材料，随意拿起两片拼板进行拼接，然后放下，重复几次后还未能找到匹配的材料。	教师走到幼儿身边提示道："我们试着把材料摆整齐吧，这样可以让你更好地观察，找到想要的图形哦！要试试吗？"
幼儿接受教师的提议，调整材料的摆放方式。	幼儿在教师的提示下，将图形嵌板、拼图板、文字卡片等材料一一整齐地摆放后，再次尝试探究材料。	教师用语言及动作引导幼儿将材料分类、整齐地摆放后，鼓励幼儿再次尝试探究材料。
幼儿遇到疑问，举手示意教师需要帮助，教师坐到幼儿的身边。教师与幼儿合作，让幼儿了解材料后续的操作方法。	幼儿继续操作，逐一将"厨师""消防员"等熟悉职业的拼图完成后，对着"售货员"的拼图思考了一会儿，举手示意教师需要帮助。	教师及时来到幼儿身边，鼓励幼儿表述遇到的问题及需要教师帮助的方式，之后教师指着字卡清晰地点读"售货员"，并帮助幼儿理解该职业的含义。
幼儿继续探索材料并完成记录单。	幼儿继续操作材料，并根据记录单上的指引，认真、独立地完成记录单。	教师在活动室中巡回观察，了解其他幼儿的操作情况。
幼儿完成操作，收拾整理材料，教师对幼儿的记录进行观察分析。	幼儿完成全部操作后，教师鼓励幼儿尝试指读记录单上相应行业的文字，再重新寻找和操作后续活动材料。	教师认真倾听和观看幼儿对记录单上各职业的指读和完成情况，肯定幼儿的成功体验，思考并推荐幼儿后续的活动材料，对幼儿的记录进行观察分析。

（五）幼儿发展与教师支持

1. 幼儿学习品质分析

（1）针对幼儿发展的研究

中班幼儿较小班幼儿对区域活动形式和操作流程更为熟悉，一方面他们对新颖的、喜欢的材料表现出一定的目的性和自主性，能在区域活动开展前确定自己的活动意愿和制订初步的操作计划，另一方面在材料操作过程中的独立性和坚持性也有一定的提高，如遇到解决不了的疑问时，能主动寻求教师的帮助直到最终完成操作。但是，幼儿在操作过程中对材料进行有序管理和操作的良好习惯仍需进一步关注和培养。

（2）基于教师行为的分析

教师在班级中注重营造尊重、自由的氛围，鼓励和引导幼儿在区域活动中自主选材、操作探究、解决问题，培养幼儿初步的独立性及专注性。当教师发现幼儿第一次遇到疑问，经分析是由于材料摆放凌乱而干扰了幼儿的操作时，便运用语言沟通的策略引导幼儿调整材料的摆放，培养了幼儿对材料的有序管理和操作能力；当幼儿第二次由于对认知内容产生疑问而主动向教师求助时，教师采用直接引导策略，引导幼儿认读文字并理解该职业的工作内容与含义，提升了幼儿的知识结构，为幼儿后续的材料操作打下了基础。

2. 幼儿领域发展分析

（1）针对幼儿发展的研究

4—5岁的幼儿对各种新奇事物均表现出浓厚的兴趣，幼儿对生活中与自己有密切关联的职业——司机、医生、教师等——有一定的了解，社会区中提供的"各行各业"材料，又使幼儿可通过观察、比较、对应以及图文匹配等，认识厨师、维修工等其他职业，这增强了幼儿对社会各职业的认知，激发了幼儿参与职业角色扮演游戏的兴趣。

（2）基于教师行为的分析

教师与幼儿已共同生活一年半的时间，比较了解幼儿的认知基础及能力发展，尊重和信任幼儿选择"各行各业"这一活动材料。在幼儿的操作过程中，教师一直在旁观察，让幼儿通过独立操作和探索材料巩固对职业的已有认知，而当发现幼儿操作难以继续和主动寻求帮助时，教师则采取灵活、有效的方式引导幼儿解决问题（见图3-2），促进其对各职业工作内容的进一步认识与理解，并为幼儿对该内容的延伸思考制作相应的材料。

图 3-2 教师引导幼儿探索材料

三、大班案例分析

  大班阶段的幼儿在区域活动中对材料的探究较中班阶段时更为广泛和深入。幼儿不仅通过与教师和环境的互动进行学习，还渐渐自发地产生与同伴交流互动的愿望。因此，教师在区域指导中不仅要关注和培养幼儿的操作习惯、认知能力及学习品质等，还要满足幼儿与同伴交往的需求，适时采取"沉默"的策略支持幼儿，让幼儿在互动交流中提升解决问题的能力，促进幼儿的自我成长。在呈现大班案例时，我们选择了一份两位幼儿自发组合合作探索"垃圾分类"材料的案例，通过对幼儿在区域活动中对材料的观察和记录，旨在向读者介绍在区域活动中发现幼儿萌发合作意愿后，教师如何为幼儿提供充足的互动时间、空间，并作为背后支持者对幼儿采取有效的支持策略，以促进幼儿社会认知与社会能力的均衡发展。

  （一）幼儿班级：大班

  （二）材料名称：垃圾分类

  （三）材料来源：《指南》5—6 岁社会—社会适应—目标 2 的子目标"5.爱护身边的环境，注意节约资源"

第三章 教师对幼儿的支持

（四）活动实录

表 3-3 大班幼儿社会区活动实录表

活动内容	幼儿行为	教师策略
区域活动开始，幼儿计划和选择自己喜好的区域和材料。	区域活动启动前，两个挨坐在一起的幼儿表露出合作操作的意愿。	教师一边请昨天未完成操作的幼儿优先选择，一边引导其他幼儿完成今天的区域计划。
幼儿走到社会区活动柜前商量选择操作材料。	两个幼儿手拉手一起走到社会区活动柜前，低声商量共同喜欢的材料内容。	教师在活动室中观察幼儿的整体操作情况，并提醒个别幼儿注意常规问题。
两个幼儿协商后选定"垃圾分类"这份操作材料并选定位置，开始操作。	两个幼儿协商后选定"垃圾分类"这份材料，一人取出托盘，另一人到桌子边选定位置，落座后两人取出材料，准备探索材料。	
幼儿在合作操作材料的过程中产生分歧。	幼儿将四个带有不同标志的垃圾桶摆放在桌子中间后开始操作。后来在操作中，幼儿因先后及数量等规则问题产生了争执，二人讨论的声音逐渐增大。	教师发现幼儿的分歧后走到幼儿身边，倾听并了解幼儿产生争执的原因。
教师观察幼儿讨论的过程，并分析是否需要介入引导。	过了一会儿，一个幼儿首先提出："不如我们用石头剪刀布来决定，看谁赢，让赢的先来选，这样可以吗？"另一个幼儿同意，同时补充："每次只能拿一张卡片哦。"	教师在幼儿身边静静地观察两人如何交流及如何解决该问题。
幼儿想出解决的方法，同意继续完成材料操作。	两个幼儿均同意新建议，按照新约定重新开始合作探究材料，并完成该材料操作的记录单。	教师微笑着肯定两人的处理方法，并将两个幼儿"争执—讨论—解决问题"的过程记录在观察本上。

续表

活动内容	幼儿行为	教师策略
幼儿整理材料并与教师和同伴分享成功的方法与过程。	幼儿完成操作后,一人整理收拾材料将其送回活动柜,一人清理现场遗留的废纸垃圾,然后两人向教师介绍完成的记录单。	教师鼓励幼儿在区域活动回顾中,向其他同伴分享合作中遇到争执时成功解决问题的方法和过程。

（五）幼儿发展与教师支持

1. 幼儿学习品质分析

（1）针对幼儿发展的研究

以上案例中记录的两个大班幼儿均有两年的区域活动经验,她们熟知在区域中独立操作材料的基本流程,并能坚持独立、持续地完成每一份自主选择的材料的操作;同时自升上大班起幼儿逐渐产生了合作操作材料的愿望,喜欢观察同伴的操作或与同伴共同合作探究新材料。活动中,两个幼儿能清晰地用完整的语言表达自己的意愿及对分歧的理解,并尝试用自己的方法来协商解决问题,由此可见,幼儿已具备初步的解决问题的意识和能力。

（2）基于教师行为的分析

教师在区域活动指导中既要了解全体幼儿的整体发展,也要关注个体幼儿的差异性需求,尊重大班阶段幼儿合作探究的意愿,为幼儿提供与同伴平等交流、自由讨论的环境和机会。在活动中,教师作为幼儿背后的观察者和引导者（见图3-3）,在幼儿合作产生争执

图3-3 教师观察幼儿合作

时，等待和观察幼儿如何自主地解决所遇到的问题；在幼儿操作结束后，教师及时对幼儿的成功合作表示肯定，同时引导幼儿进行经验整理和提升，向其他同伴分享成功合作解决问题的方法和过程，促使全班幼儿在形成良好学习品质的同时提升社会交往能力。

2. 幼儿领域发展分析

（1）针对幼儿发展的研究

大班幼儿对社会行为规则（如生活中常见的交通规则、公共场所规则和环保行为规则等）已有一定的认知基础。"垃圾分类"的材料内容，幼儿虽在图书及社区活动中有所接触，但对每种材料的具体分类的概念仍不清晰。通过该材料的探究操作，有助于培养幼儿初步的爱护社会环境的环保意识，同时鼓励和引导幼儿将所习得的垃圾分类知识转化为行动，在家庭中行动起来，将资源进行有效的循环利用。

（2）基于教师行为的分析

教师能根据幼儿的发展需求及社会发展信息，敏锐捕捉教育的价值点，特意制作了"垃圾分类"这份材料，投放在社会区中供幼儿操作探究，在幼儿阶段普及环保知识和激励环保行为，能够使幼儿爱护社会环境。教师尊重幼儿的探究过程与方式，鼓励幼儿挑战符合其最近发展区的材料内容，并用协商的方式解决合作中的争执问题。

第二节　社会区学习故事

区域活动是深受幼儿喜爱的自主活动之一，幼儿在温馨、宽松的活动环境中自由选择、自发探究、自然习得，满足了不同幼儿的学习需求，尊重了每个幼儿发展的个体差异。教师除了在区域活动开展前研究和投放适宜的操作材料外，作为幼儿的支持者、合作者与引导者，更重要的是在区域活动过程中科学分析、合理介入、有效指导和支持幼儿的后续发展。如果将幼儿一段时间（1～3学年）内在社会区的学习历程进行记录与整理，就是一份独特的学习故事，它以某个幼儿的动态发展为线索，以阶段性发展为节点，以图文并茂的方式，从活动现场记录、教师观察描述、教师评价过程、下一步发展建议、支架发展材料五个方面真实生动、全面细致地呈现幼儿的学习过程与发展变化。

教师通过对幼儿在区域活动操作中的行为进行观察和分析评价，看到幼儿活动中的具体信息和生动细节，深入地了解幼儿身上所具有的与众不同的天性与内涵，从而发现并了解不同幼儿之间的差异以及习惯，从而对幼儿进行有效指导和支持。下面我们呈现的是教师在社会区活动中如何通过客观、科学的观察评价，为幼儿及时提供适宜的材料支撑，以促进幼儿个性化成长的案例。

一、教师记录方法

教师除了需对班级幼儿的整体发展有宏观把握外，还要对每个幼儿的个体发展差异心中有数。而教师能在社会区活动中对幼儿的活动和发展进行有效指导，有赖于教师对幼儿发展特点的了解、在操作现场的观察和对所出现问题的原因分析。教师通过对幼儿以上的个体信息进行有效的追踪观察、科学记录、综合评价，可确保每一个幼儿在社会区中都能在原有的发展基础上真正得到提升。

（一）情况分析

幼儿的社会性发展，包含在与他人交往中表现出来的观念、情感、态度和行为等，会随着年龄而发生不同的变化。对3—6岁的幼儿来说，每个年龄阶段都存在与其相应的共性发展特点和规律，与此同时，每个幼儿也是单一的、唯一的，在个体发展过程中具有自我独特的发展变化和轨迹。因此，教师在区域活动中对幼儿进行观察和记录时，要基于幼儿社会性发展的基本特点及对该领域核心经验的了解，结合每个幼儿不同的需求与发展，再做客观、综合的情况分析，以提高记录的有效性和价值。

（二）记录时间

教师在社会区进行观察和指导时，根据幼儿的学习兴趣、过程和发展，可选择对幼儿进行单次记录或在一个周期内对某一关键经验的发展做连续的跟踪记录。

1. 周期记录时间

周期记录时间，是指教师在一定时间周期内，在社会区活动中针对幼儿与该区域系列材料互动过程中对某一问题的兴趣、发展与突破，或幼儿在社会领域中各分级内容如人际交往、社会环境、社会规则方面的发展轨迹，进行有目的、有计划的跟踪观察和记录。教师对幼儿在社会区中对某项材料、内容或关键经验的兴趣延伸或深入探究的周期记录，随着幼儿的兴趣爱好和学习节奏而自然产生，针对该问题做持续观察至结束，没有规定的时长要求。相对而言，针对幼儿社会领域分支内容的学习周期记录时间更长，内容更多，教师需要在每学期初根据《纲要》与《指南》里社会领域的二级分类内容，条理清晰地对幼儿的活动开展分类记录，为幼儿在园期间社会领域的认知发展留下清楚的记录轨迹。

2. 当次记录时间

当次记录时间，是以幼儿在社会区活动中完整操作一份材料的过程为单位，即从幼儿计划选择、展开材料、操作探究、互动思考、记录整理至完整结束，幼儿对该材料探索所需的时间。虽然教师的每个当次记录是相对独立完整的，但幼儿在社会领域的阶段发展是紧密联系的，若将教师对幼儿进行的一个个当次记录结合在一起，则能更全面、更有条理地展现幼儿在社会领域中的发展特点和轨迹，有利于教师对幼儿的后续发展采取有效的支持策略，促进幼儿在社会领域的均衡发展。

（三）记录内容

社会区学习故事的记录，既是教师对幼儿在社会区活动中每个关键发展的观察与引导，也是教师在活动中对自身教学反思及提升的重要方式。幼儿学习故事的内容包含幼儿进行活动材料操作的现场过程、教师对其的观察描述和客观评价，教师针对幼儿此阶段的发展瓶颈或下一步发展提出的具体支持策略，以及教师制作的支架幼儿进一步发展的材料。

1. 活动现场记录

在社会区活动开展的现场，教师需对活动室内的各角落进行多角度观察，了解班级整体的活动开展情况。活动现场中的每个幼儿作为独立的个体，对材料的认知和操作存在一定的个体差异，表现出不同的兴趣需求、操作节奏和学习风格。因此，教师在社会区活动中除了要对幼儿进行一对一的现场观察记录外，还应有计划和有目的地通过搜集幼儿活动过程中的作品、照片、录像记录或采用学习日志、设计图表等多种方式，将幼儿的自主学习过程进行记录，以便快速、准确、有效地捕捉教育信息，为下一步的分析指导与反思支架提供科学依据。

2. 教师观察描述

对幼儿在社会区活动中的行为的观察，是教师是否能够对幼儿的后续发展提供有效、科学的指导和支持的重要前提。对幼儿在社会区活动中的动态学习过程进行描述和记录，教师可根据现场条件、记录载体和用途等采取不同的记录方式：从记录的时间来看，可选择现场记录、后期记录或周期记录等；从记录的载体来看，可选择生动完整的幼儿活动视频、"可视化"的操作记录单或翔实的表格文字等（见图3-4）；从记录的内容来看，可以针对幼儿的兴趣表现、操作行为或特殊事宜等。通

图3-4 教师现场观察记录

过多样化的观察与记录，教师能够看到幼儿在活动中的具体信息和生动细节，从而发现并了解不同幼儿之间的差异，使学习故事成为后期支持幼儿发展的有益材料。

3. 教师评价过程

教师对幼儿社会区活动中自主学习的评价，是教师基于对幼儿发展特点的了解，对幼儿行为背后的缘由及行为表现的状态等进行全面和科学的分析。在单次的活动记录中，教师可尝试从幼儿和材料两个不同主体的角度展开分析。首先，如从幼儿发展的角度着手，教师可从情感、知识、能力以及学习品质等四方面对幼儿与材料互动展开评价，如幼儿选择材料的兴趣是否浓厚，对材料的内容是否理解，操作的流程是否独立，在探究的过程中是否专注，等等，均为教师分析与反思的重要因素。其次，作为幼儿探究与学习的重要载体——操作材料，其本身也是教师分析与反思的重要内容，教师可从材料选择的安全性、设计制作的新颖性、使用操作的科学性以及知识结构的适宜性等方面展开分析与评价。教师不管从哪个角度切入，其目的都是为了促进幼儿在社会区活动中获得进步与发展。

4. 下一步发展建议

教师记录幼儿社会区的学习故事，是为了在观察和理解幼儿的基础上，为幼儿的后续发展提出科学、适宜的发展建议。幼儿在区域中的自主探究，正是在教师一次次的"观察—发现—分析—帮助"的循环过程中获得全面和长远的发展，同时，教师能科学而严谨地制订符合该幼儿实际的下一步发展计划，并根据提出的计划找出或制作出后期能促进该幼儿发展的相关材料，这也有利于教师专业能力和水平的提升。

5. 支架发展材料

支架发展材料，是指教师为满足幼儿的发展和兴趣需求，着眼于幼儿的最近发展区，挖掘和调动其潜能和积极性，为幼儿提供超越其最近发展区而达到下一发展阶段水平的可操作性材料。支架发展材料涉及支持幼儿对材料内容的兴趣延伸以及教师针对幼儿学习品质或操作能力的培养。首先，为幼儿提供针对材料内容的兴趣延伸，教师可从材料的纵向深度以及横向广度两方面着手，结合幼儿的发展水平与特点，深入挖掘材料的价值，根据幼儿的发展水平与现实需要，在同一个活动内容中为不同发展层次的幼儿制定出不同的学习目标，并在区域中投放与目标相对应的操作材料，支持幼儿后续的学习需求和发展。其次，每个幼儿在操作相同材料时表现出操作能力水平和学习品质的差异性，教师则可充分利用社会区活动中自主性的优势，针对每个幼儿独特的个性特点及存在的问题，为幼儿提供能发挥其优势品质或培养幼儿的弱势能力的针对性材料，以此在确保幼儿整体发展的同时，及时、有效地促进幼儿的个体发展。

二、教师记录案例

下面我们所呈现的案例，是一位一线教师J老师对H幼儿某一阶段内，在社会区中与关于社会环境、行为规范和社会文化等的系列材料的互动与探究过程的观察记录，通过一个个单次记录及阶段性的周期记录，我们可以看到该幼儿的学习过程及成长轨迹（见图3-5）。

图3-5 教师现场拍摄记录

（一）幼儿情况分析

观察班级：莲子 E 班

观察教师：J 老师

幼　　儿：H 小朋友

出生日期：2013 年 6 月 18 日

入园日期：2016 年 9 月 1 日

幼儿分析：

案例中所呈现的 H 幼儿是个中班年龄段的女孩，性格温和、善良、内敛。教师通过对 H 幼儿平日的观察了解到，H 幼儿在幼儿园生活、同伴交往及学习兴趣等各方面的发展较为均衡，各方面的能力也处于班级整体幼儿的中等水平。H 幼儿自入园起已有一年多的区域活动经验，已初步养成爱惜材料、有序摆放材料、爱护材料的整洁等操作习惯以及好奇、专注、坚持等学习品质。而在此阶段，H 幼儿随着年龄的增长，对社会区其他广泛的内容、新颖的材料及合作性操作方式逐渐产生了好奇与兴趣。

当教师发现 H 幼儿的兴趣需求与转变时，针对其已有的经验与能力，分析其在社会领域的"最近发展区"，努力在班级为其提供材料和指导上的支持。初期，在 H 幼儿对社会交往及环境等内容萌发好奇心时，教师有意识地更换、调整班级社会区中原有的基础材料架构，以吸引幼儿的兴趣，并鼓励幼儿进一步深入探究；后期，H 幼儿又对社会规范及文化等内容产生兴趣，教师则特意地为其制作、增添了相关的个别性探究材料，鼓励其与同伴交流、合作，促使幼儿在社会区活动中建构社会知识的同时提升社会能力。

以下案例中，教师通过对 H 幼儿细致而长期的阶段性观察和追踪，及时发现和分析该幼儿在社会区材料操作、探索中所存在的优势与不足，并针对优势为其制订后续的发展计划，根据问题找到弥补的材料或引导策略，从而促进幼儿的个性化发展和全面发展。

（二）教师支持实录

幼儿来到社会区活动柜前观察了一会儿，将"我的生日会"的材料摆放在地毯上，从中取出操作底卡按序逐一从左到右排列，然后观察字卡和图卡，请教师帮助进行指认和配对，再按序把字卡、图卡摆放到操作底卡上，最后取出记录单，根据操作经验及指引完成记录单。所有操作完成后，幼儿将材料整理好放到活动柜中，将记录单放到已完成的收集筐中。

H幼儿在活动过程中表现出对"我的生日会"这份材料的浓厚兴趣，从计划选材、展开探究到收拾整理，操作有序、专注，基本上能完整地操作。H幼儿能将生活中对生日会中各环节的已有经验与图卡一一对应，但对材料中个别字卡与图卡的配对仍需教师的帮助。

H幼儿对熟悉的生日会环节有一定的生活经验，所以在操作过程中基本上能根据已有经验结合材料进行操作，在完成操作后与同伴们分享并邀请好朋友参加自己下一次的生日会。教师可建议幼儿在下一阶段选择更广泛的社会交往认知内容，如制作一张关于自己的名片，用于同伴间的交往，发展语言表达及社会交往技能。

礼貌用语
值日任务
制作名片
……

活动现场记录

教师观察描述

教师评价过程

下一步发展建议

支架发展材料

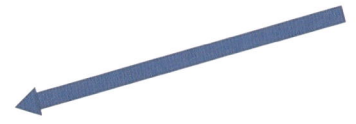

记录时间：2017-03-22 材料名称：我的生日会

第三章 教师对幼儿的支持

幼儿在社会区活动柜前徘徊观察后，选择了"深圳设施"这份材料，将其放到地毯上，开始探究。幼儿一边将深圳各常见设施的图片取出观察，一边说出熟知的名称并将图片摆放在地毯中间，然后再取出字卡，依据材料提示学习将字卡与设施图片配对，最后一一对材料进行检查。完成以上操作后，幼儿取出记录单完成学习记录。

H幼儿对社会区的材料表现出初步的探究兴趣，在活动柜前徘徊观察后最终选择"深圳设施"这份材料进行探究。在操作过程中H幼儿专注、有序，在对深圳设施的内容已有了解的基础上，能运用观察和对比的方式，独立完成材料的操作。最后，幼儿还主动地对自己的完成情况进行检查核对。

H幼儿在与"深圳设施"这份材料进行充分互动的过程中，通过边说边想，边想边做，边做边查，对身边的社会环境有了进一步的了解。因而，为满足幼儿现阶段对社会环境探究的兴趣和需求，教师可建议幼儿在下一阶段中，尝试操作"特殊功能车""特殊节日"等材料，以丰富幼儿对社会环境的认知和积累。

特殊功能车
特殊节日
……

活动现场记录

教师观察描述

教师评价过程

下一步发展建议

支架发展材料

记录时间：2017-04-19　　材料名称：深圳设施

活动现场记录	教师观察描述	教师评价过程	下一步发展建议	支架发展材料
幼儿自主选择参加社会区活动，迅速取出"交通标志"材料后将其摆放在地毯上开始操作。幼儿先对操作底板图进行观察，对3D立体图画很感兴趣，用手指对着底板上的标志及图画反复勾勒，再逐一取出立体标识柱，观察后将其与底板图中的图画进行对应，最后完成相应的交通标志记录单并整理好材料，与身边的同伴分享自己的记录单结果。	H幼儿近阶段对社会区材料表现出持续性的兴趣，在本次完成"交通标志"的活动过程中，目的明确、操作有序，结合自身已有经验和观察、比较，独立完成了常见交通标志的匹配活动，初步理解了标志的含义。幼儿完成操作后能主动与同伴分享自己的操作过程与成果，表现出对交通规则的兴趣，社会交往能力得到进一步提升。	H幼儿在"交通标志"材料的操作过程中，表现出对各种常见交通标志及规则的理解。学习文明规则的重点不在于认知，而在于理解后在生活中应用。因此，在下一阶段，教师可建议幼儿通过"有秩序、不拥挤""安全警示标志""洗手7步图"等，了解生活中关于交往、卫生等规则的知识，并鼓励幼儿在生活中运用这些规则。	有秩序、不拥挤 安全警示标志 洗手7步图 ……

记录时间：2017-05-30　　材料名称：交通标志

第三章 教师对幼儿的支持

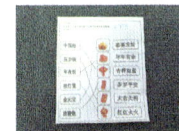

幼儿在观察身边好同伴将"过年啦"这份材料送回柜子后，就径直地将此份材料取出摆在自己面前的地毯上开始操作探究。幼儿先将操作卡、材料字卡与吉祥寓意文字卡一一匹配，然后完成相应的记录单，有序地整理、归还材料并清理现场的垃圾。最后将记录单投放到完成筐内。

H幼儿在发现同伴完成"过年啦"材料的操作时自发产生向同伴学习的愿望，一直认真、细致地观察同伴的操作与流程。在随后独立操作该份新材料时，能保持专注的状态，将吉祥物品及寓意文字一一匹配，体现出在活动区中的自主性与独立性。

H幼儿在与"过年啦"这份材料的互动中，表现出对中国传统节日的好奇与兴趣。在下一阶段，教师可建议幼儿通过选择"中国传统节日"的材料，了解我国不同传统节日的文化与习俗，满足幼儿的需求与兴趣。另外，幼儿可通过"吃在深圳""十二月花""秦始皇"等材料进一步丰富对社会文化的认识。

吃在深圳

十二月花

秦始皇

……

活动现场记录

教师观察描述

教师评价过程

下一步发展建议

支架发展材料

记录时间：2017-07-04　材料名称：过年啦

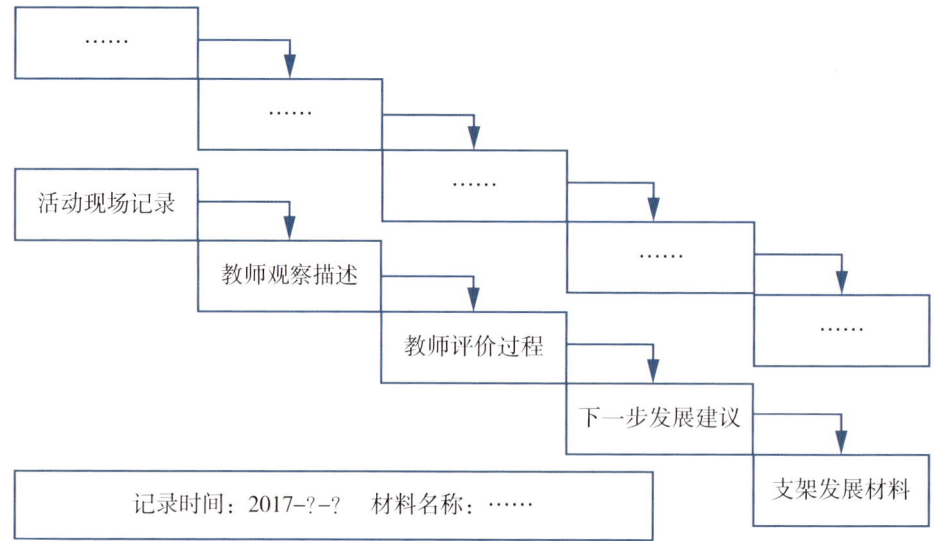

本成长案例是从莲子 E 班 H 幼儿的个人成长档案中选取的，能较生动、清晰地重现幼儿在社会区中学习、成长的历程。教师选择了对该幼儿在某一阶段的记录，以幼儿与材料的互动过程，教师的观察、反思、评价等教育行为，和教师对幼儿持续性发展所提供的材料性和策略性支持，综合呈现幼儿在社会区活动中对人际关系、社会环境、行为规范及社会文化等内容的认知，以及社会性能力提升和发展的过程。查阅 H 幼儿自 2017 年 3 月到 2017 年 7 月的成长档案记录，教师存留了该幼儿在各区域探究操作后完成的丰富的记录单，为了使读者对 H 幼儿在社会区中学习探究和认知发展的线索脉络有更清晰的了解，教师特意只筛选了社会区的案例呈现，其他区域的记录在此则不一一呈现。

第四章
社会区活动评价

任何一种课程模式、教育方式和教学活动方法，要持续而科学地发展，评价都是非常重要的一个环节，评价结果是调整与完善课程的依据，是了解教育科学性的基础，是改进教学的根本。在《纲要》第四部分教育评价中第一条就明确地指出："教育评价是幼儿园教育工作的重要组成部分，是了解教育的适宜性、有效性，调整和改进工作，促进每一个幼儿发展，提高教育质量的必要手段。"

在幼儿园社会区的活动创设与材料设计中，为了让活动更深入持续地开展，更为有效地支持幼儿在社会区活动中的全面发展，让材料在与幼儿互动时更好地促进每个幼儿的个性化发展，教师尤其要注重社会区各类活动及组成要素的评价。《指南》社会领域部分中指出："家庭、幼儿园和社会应共同努力，为幼儿创设温暖、关爱、平等的家庭和集体生活氛围，建立良好的亲子关系、师生关系和同伴关系，让幼儿在积极健康的人际关系中获得安全感和信任感，发展自信和自尊，在良好的社会环境及文化的熏陶中学会遵守规则，形成基本的认同感和归属感。"《指南》中有关幼儿园社会领域环境及师生关系的界定，是幼儿教育工作者在开展社会区活动后进行反思，进而评价社会区活动的有效性时应把握的方向与准则。

第四章　社会区活动评价

第一节　社会区材料评价方式

幼儿在社会区开展操作活动时，多数是通过与材料互动，在寻找材料所涉及的"隐藏秘密"——知识与技能的过程中，发现、认识并理解材料中内含的社会领域所需要提升的知识与技能，然后通过社会区中的运用区域以及真实的一日生活各环节中的师生、同学互动，来筛选、重组知识与技能，然后运用这些知识与技能解决在交往过程中的真实问题，实现经验的内化，从而获得属于自己的良好的社会性品质。

因为社会区所获得的品质是奠定幼儿一生的品德与行为的基础之一，因此教师更应注重对社会区活动开展、材料组成、幼儿行为等方面的评价，通过不断完善社会区的各项活动与材料，科学而及时地促进幼儿社会性的发展。

一、社会区材料的评价内容

从《指南》中我们看到，幼儿的社会性发展分为人际交往和社会适应两个方面，这两个方面既是幼儿社会性学习的主要内容，也兼顾着幼儿社会性发展和个性发展的基本途径。社会性发展的主要目的是培养幼儿良好的社会适应能力，以及良好的人际交往能力。本书中所阐述的材料，主要指的是教师设计出的能够让幼儿操作、探究、模仿、创造的各种社会区活动材料，让幼儿在操作各种活动材料的过程中探索、体验、尝试，去认识和了解人文世界，在探索性学习中获取社会知识，获得个性品质的发展。因此，教师对社会区材料主要从"材料设计的生活性和适当性""材料制作的吸引力和操作性""材料提供的适宜性和适量性""材料调整的实时性和多样性"等方面开展评价。

（一）从材料设计的生活性和适当性方面开展评价

幼儿在社会区所获得的经验、提升的能力、形成的品质，决定着幼儿社会性发展的程度，对他们长大后进入真实的社会生活有着决定性的意义。他们在社会区中习得的交往方式和交往技能，是他们在真实生活中可以实实在在运用的。这些方式和技能与生活息息相关，因此在评价社会区材料的设计是否科学时，最重要的是要衡量材料的设计是否具有生活性。同时，由于幼儿年龄及思维发展水平的限制，他们对社会领域抽象的概念性社会知识、交往规律与行为规范的理解有一定的困难，因此，在材料设计的评价方面，我们还要用材料是否具有适当性这一标准来进行评测。

评价社会区材料的生活性，需要看材料是否以幼儿的直接经验为基础且围绕幼儿的真实生活选择内容来设计，这些真实的生活可以是幼儿在家庭中的生活，也可以是他们在幼儿园的生活，还可以是他们在社区及社会中的生活。从家庭生活方面来评价材料的生活性是否适宜，可以看材料是否是与父母、长辈、兄弟姐妹的交往与礼仪等相关的内容，是否是与促进幼儿在家庭生活中与家庭成员良好感情发展相关的内容，等等，如"我幸福的一家""家庭安全我知道"等社会区材料就有着明显的生活性——与家庭有关。从幼儿园生活方面来看，材料可以是帮助幼儿认识幼儿园环境、相关工作人员等方面的内容，也可以是辅助他们了解在幼儿园开展活动所必须遵守的规则等方面的内容，本书中介绍的"幼儿园里的活动""值日生"等社会区材料就是围绕幼儿园里的生活而专门设计的。从社区及社会生活方面来看，材料可以围绕社会文明礼仪、公共规则、社会人文知识等多方面，在我们呈现的社会区材料中，"儿童公园文明游客""深圳公园""中国民间艺术品"等活动材料就是紧扣社会生活这一主题设计的。这种从"小家"生活到"大家"生活全范围的、覆盖式的设计思路，使幼儿园社会区材料更全面，更贴近幼儿的生活，可最大限度地支持和满足幼儿在这一阶段的思维发展要求，帮助他们更好地获取经验。

在评价材料的适当性方面，我们可以从目标与内容着手进行反思，看材料是否尊重不同阶段、不同发展水平幼儿的不同特点，教师在设计社会区材料时，有没有按照由浅到深、由易到难的原则，力求将每个大目标分解成若干层次的小目标，再设计出实现每一小目标的可具体操作的社会区活动材料，让每个不同的个体进入社会区后都能找到与自己的能力和水平最相符合的操作材料，实现社会区材料目标与内容的层次性，达成社会区活动中促进幼儿的差异性发展这一大的目标。另外，我们还可以从材料的呈现与操作形式方面来评价适当性，从这一方面进行评价时，要关注材料是否考虑到了不同兴趣爱好、不同年龄幼儿的特点。在设计材料时，要考虑材料的外形、数量、颜色等相关因素。我们都知道，相对于中、大班幼儿来说，小班幼儿更容易关注体积较大、形象更逼真、操作更立体的材料，因此，小班社会区材料的适当性要求材料更立体化、更直观化，而进入中、大班后材料则可趋于平面，画面可适当地抽象化。

（二）从材料制作的吸引力和操作性方面开展评价

在幼儿园的社会领域中，大部分是社会性知识以及相关的规则等。相对于科学区的实验能呈现幼儿意想不到的结果、艺术区的活动具有创造性与灵活性等特点来说，社会区材料对3—6岁幼儿的吸引力和趣味性要弱一些。因此，在评价社会区材料的制作时，教师首先要考虑的是材料对幼儿的吸引力。针对内容抽象这一不足，教师可以根据3—6岁幼儿主要以形象思维为主这一特性，依据幼儿需要具体的物件来帮助他们活动与学习，也喜欢与能吸引他们注意、引发他们兴趣的物品进行互动，以此获取新经验的特点，来制作材料。在评价社会区材料的制作时可以先评测材料的构件。材料的构件是一份完整可操作材料的组成部分，构件的颜色和外形、数量多少、体积的大小对整份材料最终呈现时的美感与对幼儿的吸引程度起着非常关键的作用。色彩与外形的选择是否符合幼儿的审美特点？数量是否符合班级幼儿所能坚持的操作时间？体积大小是否与班级幼儿的手部精细动作发展水平相匹配？选择的构件所要表达的人物或形象是否贴近幼儿的生活而让他们易于理解？解决了这些问题，材料对幼儿的吸引力就可以得到基本的保障。

从材料的操作性方面来看，教师在选择组成材料时，应尽可能选择半成品材料，或可以进行拆分、拼接重组的材料，这样才能让幼儿真正动手开展操作，通过与材料互动中的动脑与动手，来实现探索材料、发现问题与解决问题，并形成自己新的经验，提升各种能力，最终有效地促进幼儿社会性的发展，使他们形成影响终生的良好的社会行为品质。

（三）从材料提供的适宜性和适量性方面开展评价

社会区的教育内容基本上由增长幼儿的社会知识、促进幼儿的社会性发展、帮助幼儿建立各种良好的规则意识等几方面的内容组成，这些内容有的是基于幼儿在以往的生活经历中积累的经验而形成的，有的是因幼儿体验当前生活或适应环境所需要的技能与规则而产生的，还有的是为帮助幼儿更好地进入未来生活或环境做铺垫而预设的，虽然这些内容相对比较抽象，但是基于这些内容而设计的材料都与幼儿的生活有着密切的关系。幼儿的年龄差距使他们的生活经历有着非常大的差别，这种差别使幼儿的知识水平、能力水平以及情感方面的发展状况都体现出个体差异，他们在探索材料的过程中会有不一样的结果，且材料对不同幼儿的适宜性会有较大的差别。因此在评价时，基于幼儿的年龄发展水平，尊重不同幼儿的个体发展需求是评价材料的一个重要方面。

从这一角度出发来评价材料，主要是从材料的适宜性和适量性两个方面来评价。教师在设计与提供社会区材料时，是否考虑了班级幼儿的年龄水平，是否考虑了基于这一年龄水平的幼儿的个性化发展，是材料适宜性考量的主要方面。

而材料提供的适量性则是指班级材料数量的多少。在创设区域活动环境时，我们经常会说到要给幼儿创设丰富的活动环境，"丰富的活动环境"被很多一线教师理解为"环境中材料越多越好"。真是这样的吗？我们知道，在幼儿活动的环境中，各个区的材料与进区人数之间应有科学的比率。比率过大，幼儿在选择材料时考虑过多，造成对幼儿判断选择的干扰，幼儿会急于求成地操作完一份材料，或并没完成材料的操作就想去找新的材料，幼儿在区域活动中的专注性培养将会受到较大的影响。而比率过小，则会造成幼儿在选择操作材料的过程中，因材料不足，必须等候他人完成操作后才能进行，长期如此，幼儿会形成懈怠、消极的学习品质。针对材料提供的适宜性和适量性进行评价，可以有效地保障材料提供能促进幼儿之间差异化与个性化的发展，也能帮助幼儿形成良好的学习品质，最终为他们的终身学习奠定良好的基础。

（四）从材料调整的实时性和多样性方面开展评价

材料调整的关键因素是幼儿在社会领域中的知识、能力、情感发展水平，由于社会区所承载的建立幼儿良好的社会规则、培养幼儿的社会交往技能等特殊的作用，社会区材料的调整还要及时地配合幼儿的交往愿望及交往人群不断变化产生的新需求。因而在评价社会区材料的调整时，我们应从以上两个方面去对材料调整的实时性进行评价。

要把握社会区材料调整的实时性，需要教师依据幼儿社会领域的知识、能力、情感等三维目标，再依据细化到具体的每一份材料上的目标，对在社会区操作材料开展活动的幼儿与材料的互动进行观察、分析、反思、评价，及时地发现和确定幼儿真实的认识水平及他们的"最近发展区"。教师也需要对幼儿在社会区中与他人的交往进行分析评价，寻找真实可靠的依据，既要判断材料是否对幼儿有有效的促进作用，如果发现幼儿很少触碰材料或幼儿在操作中已完全没有挑战性，那么教师要及时调整材料，让材料真正满足幼儿发展的需要，也要判断幼儿在社会性方面的发展及材料对这些方面发展的作用。教师还需要在一日活动的其他方面观察了解幼儿，发现他们的社会性发展的优劣，并根据教育的需要及时调整社会区材料，配合一日活动中通过区域与一日活动各环节的有机结合，来实现幼儿的社会性发展。

社会区材料涉及"人际关系""社会环境""行为规范""社会文化"等多

方面的内容。在社会区中,应做到材料的内容与数量方面的相对均衡,这一均衡可以是持续保持的均衡,也可以是阶段性的均衡。阶段性均衡是指,这一阶段某方面的内容与数量较多,影响了其他方面的呈现,那么在下一阶段,这两方面就可以做一下调整,以此实现阶段性的均衡。如果材料一直处于静态不变的状态,相对难度要低许多,但如果根据每个幼儿不同的需要及时地调整材料,那么在材料调整的过程中,这种均衡很容易被打破。因此,保证社会区中材料的均衡,需要教师将社会区材料的目标体系、内容体系、方法体系都熟记于心,在材料调整的过程中,要有相对"均衡"的意识,使社会区材料调整既能满足幼儿个性化发展的需要,又让不同方面的内容很好地均衡呈现,以此来保障幼儿的全面发展。

下面是小、中、大班幼儿社会区材料评价表(见表 4-1、表 4-2、表 4-3)。

表 4-1　小班幼儿社会区材料评价表

评价内容 材料名称	材料设计是否具有生活性和适当性	材料制作是否具有吸引力和操作性	材料提供是否具有适宜性和适量性	材料调整是否具有实时性和多样性
表情娃娃				
幼儿园工作人员				
我幸福的一家				
功能室及其作用				
祖国妈妈				
儿童公园文明游客				
有秩序、不拥挤				
深圳景点				
……				
……				
……				

表 4-2　中班幼儿社会区材料评价表

评价内容 材料名称	材料设计是否具有生活性和适当性	材料制作是否具有吸引力和操作性	材料提供是否具有适宜性和适量性	材料调整是否具有实时性和多样性
幼儿园里的活动				
礼貌用语				
值日生				
紧急电话号码				
幼儿园场地				
各行各业				
医院看病				
文房四宝				
国家和国花				
节日小书				
环保标志				
西餐礼仪				
深圳公园				
中国民间艺术品				
我认识的京剧人物				
民族服饰				
世界各地工艺品				
……				
……				
……				

表4-3　大班幼儿社会区材料评价表

评价内容 材料名称	材料设计是否具有生活性和适当性	材料制作是否具有吸引力和操作性	材料提供是否具有适宜性和适量性	材料调整是否具有实时性和多样性
男女洗手间				
小主人				
家庭安全我知道				
消防物品				
公共场所标志				
中国世界遗产				
广式茶点				
中国传统面点				
国家国旗首都转盘				
各国货币				
奥运会与吉祥物				
垃圾分类				
地铁文明				
文明小读者				
传统节日				
少数民族节日				
中国地方戏曲				
不同字体书法				

续表

评价内容 材料名称	材料设计是否具有生活性和适当性	材料制作是否具有吸引力和操作性	材料提供是否具有适宜性和适量性	材料调整是否具有实时性和多样性
茶道				
世界之最				
中外画家与作品				
……				
……				
……				
……				

二、社会区材料评价表实例

在前面我们依据材料设计、制作、提供、调整的顺序，从不同的角度对怎样评价社会区材料进行了较为详尽的阐述。下面，我们以一份小班教师完整记录的社会区材料评价表，来呈现在社会区中教师评价材料的适宜性时，应该怎样进行语言描述，怎样发现材料在促进幼儿开展活动时所起到的作用或存在的不足；也让读者了解当一份材料具有优势时怎样让其更好地促进幼儿的发展，而当一份材料存在问题时，怎样来调整或改进这份材料，以便使其在社会区中发挥真正的"桥梁"作用，更好地实现社会区的功能和作用。

表 4-4　莲子 C 班幼儿社会区材料评价表

班级：莲子 C 班　　　　　　　　　　　　　　　　　　　幼儿人数：30 人

评价内容 材料名称	材料设计是否具有生活性和适当性	材料制作是否具有吸引力和操作性	材料提供是否具有适宜性和适量性	材料调整是否具有实时性和多样性
表情娃娃	材料以日常生活中人们的表情为内容，贴近幼儿的生活，而且在选择时，只用了几种典型的表情，使幼儿能很好地进行区别，进行认知与探究。	教师用拟人的方法，把材料设计成娃娃的形式，从外形上能吸引幼儿的注意，让幼儿乐于操作。教师还把材料设计成立体的形式，便于幼儿摆放。	材料是针对发展水平处于低层次的幼儿设计的，考虑到幼儿的精细动作发展不充分，材料相对要大一些，表情娃娃有4个，这些都非常符合这一发展水平的幼儿操作与探索的需要。	该材料在小班初期即投放到班级社会区，幼儿在活动中认识了表情，教师也即时指导幼儿进入幼儿园多开心地笑、少哭，使材料很好地帮助幼儿调整入园初的情绪，非常具有实时性。
幼儿园工作人员	幼儿刚入园，会接触园内的工作人员，但他们尚不熟悉，这一材料刚好满足了幼儿这一时期在园的生活需要，因此，材料设计具有生活性和适当性。	为了增加材料的吸引力，教师在材料主体是平面的基础上，增加了便签夹，使材料从平面到立体，而且"夹"这一动作既帮助幼儿发展了小肌肉的灵活性，也提高了材料操作的乐趣。	根据小班幼儿在活动中的坚持性还有待提高这一特点，教师在选择幼儿要认识的工作人员时，只选择了与幼儿接触特别密切的 6 位教职工，使幼儿的操作和探索量适合小班幼儿的活动持续时间。	初期投放了关于 6 位工作人员的材料，但涵盖了班级外的所有人员。教师在幼儿的成长过程中，通过观察会及时地更换其他工作人员的图片供幼儿认识。这样实现了材料调整的实时性与多样性。

续表

评价内容 材料名称	材料设计是否具有生活性和适当性	材料制作是否具有吸引力和操作性	材料提供是否具有适宜性和适量性	材料调整是否具有实时性和多样性
我幸福的一家	材料内容源于幼儿的家庭生活成员，他们是与幼儿关系最为密切的、幼儿最亲近的人。但材料从社会这一领域出发，将这些人做了集中并归类，使幼儿通过操作材料形成家庭的概念，符合幼儿的生活情境。	本材料以日历的形式进行呈现，所涉及的成员通过图像加文字呈现在心形的小卡片上，既卡通又具有情感色彩，能很好地激发幼儿的情感。同时幼儿通过材料探索，可以让材料中的家庭成员全部住进家里，使材料有了情节性。	教师根据小班幼儿的发展特点，在选择家庭成员上，只选择了幼儿最熟悉的直系亲属，这样保证了幼儿操作材料时的适量性，在认识内容方面也符合小班幼儿的生活经验，体现了材料的适宜性。	本材料中教师也设计了家庭的其他成员，但在投放时，先期投放的只有"爷爷""奶奶""爸爸""妈妈""哥哥""姐姐"。随着幼儿在社会区活动中经验的增长，教师相应地调整了材料内容，更换或增加了其他成员，使材料满足了幼儿不断发展的需要。
功能室及其作用	本材料是基于幼儿刚入园，想熟悉幼儿园环境这一生活需求而设计的，是符合幼儿小班初期的需要的。幼儿通过探索材料熟悉幼儿园环境，能更好地适应新的社会生活。	教师设计材料的画面内容时采用了写实的方法，通过照片呈现真实的各个功能室，而与功能室匹配的活动画面，也选择了呈现班级幼儿在各功能室活动的照片，照片中有幼儿，使材料具有了吸引力，提升了幼儿操作材料的愿望。	本材料有两个层面的目标：一是让幼儿认识功能室的名字，二是知道在功能室可以做什么。画面是完全不一样的，幼儿匹配图片的难度相对要高一些。基于此，教师在投放时选择了4组图片，略少于一般情况下的6组图片，这样材料的适量性与适宜性得到了保证。	教师在调整时，会基于功能室可开展活动的不同，设计多个内容的图片，但在前期投放时，教师只投放了一组对应功能室的照片，随着幼儿后期能力的增长，教师会更换材料或增加功能室活动内容的材料，使材料在各阶段具有实时性与多样性。

续表

评价内容 材料名称	材料设计是否具有生活性和适当性	材料制作是否具有吸引力和操作性	材料提供是否具有适宜性和适量性	材料调整是否具有实时性和多样性
祖国妈妈	"祖国妈妈"这份材料的目标与内容既与社会区材料的内容体系有关，也与小班的节日教育有关，还与小班幼儿初期的入园活动"升旗仪式"的经验相吻合，是符合小班幼儿在园生活经验的材料。	材料以书本的形式呈现，选择的内容为幼儿非常熟悉且经常看到的天安门、国徽、国旗、中国地图这四个元素。幼儿通过探索材料，形成一本祖国妈妈的小书，这种方式提升了材料操作的趣味性，更好地引发了幼儿的探索愿望。	材料在内容上符合小班幼儿前期的幼儿园活动经验，与升旗主题的结合能让幼儿更容易了解并掌握材料内容。在数量选择上，4个内容也非常符合小班幼儿探索能坚持的时间长度，对培养幼儿良好的学习品质有很好的促进作用。	在设计与制作这一材料时，教师也考虑了幼儿后期的发展需要，在后续材料中将投入有关国旗、国徽等相关系列的材料，在幼儿需要时及时进行了调整与增加，以支持幼儿的发展，体现了材料的实时性。
儿童公园文明游客	公园虽然是社会公共场所，但儿童公园是幼儿最喜欢去的地方，幼儿家长都会利用节假日、周末等时间带幼儿去游玩。知道与公园相关的文明礼仪是幼儿良好行为及品德培养不可	为了提高小班幼儿动手操作材料的兴趣，在制作材料时教师特别选择了转盘操作的方式，这一形式与游戏场的游戏转椅有相同之处，提高了材料对幼儿的吸引力，而将画面与提供	公园的规则非常多，但为了适合小班幼儿的活动特点及发展水平，教师在提供材料时，前期只提供了6个相关内容，这一数量考虑了幼儿在活动中所能坚持的时间长度这个因素，	材料是在小班中后期投入的，幼儿良好的园内行为习惯已初步形成，教师将行为习惯培养从园内扩展到园外，符合小班幼儿的需要，因此，材料投放后很快引起了幼儿的探索愿望，

续表

评价内容 材料名称	材料设计是否具有生活性和适当性	材料制作是否具有吸引力和操作性	材料提供是否具有适宜性和适量性	材料调整是否具有实时性和多样性
儿童公园文明游客	缺少的部分，因而，此材料的设计符合幼儿的生活需要，具有适当性。	的参照底板对应时，用夹子夹的方式，也进一步提升了材料的可操作性，促进了小班初期幼儿手部小肌肉发展。	使材料提供的数量具有适量性，而在规则选择上尽可能选择了小班幼儿能遵守的规则，使材料内容对小班幼儿来说具有适宜性。	但初期教师设计的第三层转盘完全空白，幼儿既要匹配图片又要匹配文字，难度过大。针对不足，教师即时修整材料，将材料调整为已有文字，只需要匹配图片，使材料更符合小班幼儿的发展。
有秩序、不拥挤	这一材料是根据小班幼儿入园有许多活动常规要建立而设计的，其中有上下楼梯、搬椅子、洗手等相关的常规，帮助幼儿根据材料进一步了解常规、理解常规，更好地适应并度过入园初期的生活。	为了增强吸引力，教师在设计材料时特别选用了班级幼儿的照片，幼儿对材料中自己的照片或同伴的照片都特别感兴趣。而在操作性方面，为了照顾小班幼儿的探索经验，教师特别用了比较明显的红、黄边框做错误控制。	材料是小班开学一个月后投入社会区的，此时幼儿已初步了解相关常规但良好的行为习惯还没有形成，材料的及时投入增强了区域与日常活动的相互联系、相互促进，最重要的是及时地促进了幼儿良好习惯的形成。材料内	此材料包括多方面的内容，教师在初期只投放了5组当前最需要幼儿熟悉的常规画面。随着幼儿经验的增长及常规的不断增加，后期教师会根据需要随时调整或增加材料内容，使材料适时地支持幼儿的发展。"深圳景点"这

续表

评价内容 材料名称	材料设计是否具有生活性和适当性	材料制作是否具有吸引力和操作性	材料提供是否具有适宜性和适量性	材料调整是否具有实时性和多样性
深圳景点	这份材料选择深圳幼儿特别熟悉的5个深圳景点，而且采用其标志性建筑画面，让幼儿特别容易认知并了解，符合深圳小班幼儿的生活范围，也特别接近幼儿的生活，因此这份材料的设计具有明显的生活性和适当性。	教师在设计这份材料的版本时，采用了类似宣传小手册的形式，材料可以转动，也可以翻动，增强了幼儿操作材料的兴趣，也就提高了材料对幼儿的吸引力。根据小班幼儿的特点，教师将画面卡片的尺寸放大了一些，充分考虑到了小班幼儿手部的精细动作能力不足这一特点。	容贴近幼儿的生活，是深圳家庭在节假日非常喜欢去的地方，因此内容对幼儿具有适宜性。而在材料的数量方面，教师考虑到小班幼儿的特点，选择了5个景点的内容，这个量的选择考虑到了幼儿活动时间的适量性，因此，材料很好地支持了幼儿的发展。	份材料是教师在小班中后期才投放的材料，通过观察幼儿在社会区活动时的情况，教师考虑到幼儿已有一定的区域活动经验，而且认识水平有了一定的积累，因而在活动开展一段时间后对材料的内容与数量进行了调整，实现了材料调整的实时性。
……				
……				
……				

第二节 社会区幼儿活动评析方法

在幼儿园开展区域活动的过程中，教师一般要从两个方面来观察和了解区域活动的开展情况：一个是区域材料的适宜性评价，另一个就是活动中幼儿各方面发展的评价。我们知道，任何一种教学模式，其最终的目的都是促进幼儿个性化地、全面地发展，儿童的发展是教学的关键所在，也是其根本所在，区域活动教学这种教学模式也不例外。在对区域活动中的社会区开展评价时，我们既要像前面第一节所讲的，从材料的各个方面开展评价，也要对活动中的幼儿开展评价，通过对幼儿在社会区中的活动情况进行科学、适宜的评价，进一步激发幼儿主动参与的兴趣，形成交流合作的氛围，促进幼儿社会性的发展。

《指南》"说明"第四部分中特别提出："重视幼儿的学习品质……忽视幼儿学习品质培养，单纯追求知识技能学习的做法是短视而有害的。"在开展社会区评价时，教师不能只关注知识与技能这些幼儿在活动中所能表现出来的显性特征，还应该关注他们在活动过程中表现出的积极态度和良好行为倾向，充分尊重和保护幼儿的这些良好品质，为他们的终身学习与发展打好坚实的基础。

一、社会区幼儿活动评析方法

《纲要》指出，教育评价是幼儿园教育工作的重要组成部分，是了解教育的适宜性、有效性，调整和改进工作，促进每一个幼儿发展、提高教育质量的必要手段。我们在开展社会区评价时要综合使用多种适合的、科学的评价手段，并根据不同的情况安排相应的评价内容。前面，我们详细地讲述了从材料方面开展评价的方法，在这一节中，我们将重点以幼儿为主角，从幼儿的发展方面来阐述社会区中的另一种评价方式。

在社会区活动评价中，以幼儿为对象的评价表，具体包括教师要观察的幼儿的姓名、性别、所在班级、区域、所操作的材料名称，本次活动的操作时间，指导教师、评议者，以及表格记录日期等多方面的信息。这些信息的填写既能为当次的评价提供具体数据，也能为教师以后需要进行的追踪观察与评价提供前期的判断依据。以幼儿为对象开展社会区的活动评价，一般从知识、技能、品质等几个方面对幼儿在社会区开展活动时的表现进行综合观察与评价。在知识方面，主要是从社会领域中所涉及的相关知识来开展评价；在技能方面，则是从幼儿在社会区中活动所需的技能以及他们活动后促进其发展的技能等方面来开展评价；而在品质方面，则是围绕幼儿在社会区探索材料、参与活动所需要培养的学习品质来进行评价。虽然这三个方面各有其侧重点，但它们不是孤立存在的，而是相互关联的。

同时，我们会根据大、中、小班幼儿能力及发展水平的不同，设计有不同评价维度及参考分值的评价表。教师在观察幼儿的活动时会根据表格中提供的评价要点进行评估，最后根据各项目的得分进行综合评价，通过综合考量得出等级。

社会知识：评价中提到的对幼儿社会知识方面的评价，可以从幼儿当次在社会区中探索的材料内容着手，也可以从幼儿在与社会区材料的互动中，通过是否掌握操作材料与提高社会区系统性知识这一方面着手，还可从幼儿在探索材料的过程中知识的迁移与综合运用等方面开展评价。

从当次探索材料方面开展评价时，教师要基于当前材料的目标，也要考虑幼儿的实际发展水平，因人而异、因材而异，科学地开展评价，犹如《指南》"说明"中所说的："尊重幼儿发展的个体差异……引导他们从原有水平向更高水平发展……切忌用一把'尺子'衡量所有幼儿。"针对不同发展水平的幼儿，教师要先分析该幼儿的原有发展水平，再定出符合幼儿的评价标准来评价幼儿对该份材料所含社会领域知识的掌握情况。在评价幼儿均衡地了解社会区的内容时，教师要分析每个幼儿的智力优势，了解幼儿的强项，然后在进一步发展强项的同时，激发幼儿去了解自己的不足，引起幼儿对这些方面的兴趣，让幼儿逐渐地完成社会区其他材料的探索，以此实现幼儿相对全面而均衡的发展。而评价幼儿在活动中对知识的综合运用与迁移能力时，教师应综合看待幼儿与材料的互动，通过观察记录幼儿对知识经验的运用情况，来分析其对相关知识的吸收程度，通过幼儿讲述自己操作材料的过程，了解其知识经验的分享与拓展情况。在开展评价时，教师要将这些方面的情况进行整合后再开展评价，这样能够较好地掌握幼儿的社会区认知情况，以便更好地为幼儿提供后续发展所需要的区域材料，更好地引导幼儿开展探究性学习。

活动技能：在社会区活动中，各种材料能拓展幼儿各方面的知识；在他们操作材料的过程中，材料也是幼儿提高动手能力的载体。评价幼儿的这些活动技能是否得以提高，主要的依据来源于幼儿与其所探索的材料之间的互动。如：社会区小班材料"功能室及其作用"，幼儿在理清了材料中每一张图片与其他图片的内在联系后，需要将两张关联的图片进行拼接，之后，还需要通过翻看完整的小书来检查。翻书检查与拼接的动作与幼儿的手眼协调有很大的关系，如果幼儿手部精细动作能力的发展有所不足，他们通过探究材料完成这两个动作的操作，即可提高动手技能。另外，在社会区其他材料的操作中还涉及了很多其他的技能，如剪、贴、捏等，这些都可以提高幼儿各方面的技能。幼儿在社会区操作材料所需要技能的熟练程度，也是幼儿能否独立完成探索的关键。因此，在社会区活动中开展评价时，我们也要基于此方面进行观察与评价，对发展不足的幼儿，教师应多关注他们在此方面的发展，在后续开展社会区材料探索时多引导他们去提升相关技能，也可通过其他领域的活动来促进他们技能的发展。

学习品质：在《指南》中首次提到幼儿的"学习品质"，强调"重视幼儿的学习品质。幼儿在活动过程中表现出的积极态度和良好行为倾向是终身学习与发展所必需的宝贵品质。要充分尊重和保护幼儿的好奇心和学习兴趣，帮助幼儿逐步养成积极主动、认真专注、不怕困难、勇于探究和尝试、乐于想象和创造等良好学习品质"，并特别说明，"忽视幼儿学习品质培养，单纯追求知识技能学习的做法是短视而有害的"。基于《指南》中提出的新要求，我们对幼儿在活动区开展的情况进行评价时，也应该关注幼儿学习品质的形成，将这一方面作为幼儿发展的一个因素来进行评价。

从《指南》中可以看出，幼儿良好的学习品质包括主动、专注、坚持、克服困难、想象与创造等众多方面，那么在社会区活动中，最能促进幼儿学习品质形成与发展的是哪些方面呢？我们认为幼儿在社会区中所涉及的学习品质的形成涵盖以下几个方面：①在主动性培养方面，我们重点关注幼儿在每次活动中的材料选择。幼儿主动选择材料是对当次活动内容的一次抉择，从幼儿能否自己去选择材料可以看出幼儿学习的主动性。当教师发出选择材料的信号后，一个主动性强的幼儿能胸有成竹地很快找到目标，有目的、有计划地开始研究与探索。②在坚持性方面，我们主要考虑的是幼儿在活动过程中是否能做到有始有终。我们知道，在区域活动过程中，很多时候幼儿是一个人探究材料，与材料互动，每个幼儿的学习节奏、学习内容各不相同，这时幼儿的旁边会有同伴走动、同伴交流等影响，也会有同伴选择了新材料，而材料的新颖好玩会干扰他。活动中的幼儿能否排除干扰，从头到尾完成活动，是衡量其坚持性的关键因素之一。③克服困难是幼儿最难形成的品质，目前由于家长过度地关注幼儿，很多幼儿在家基本上是"衣来伸手，饭来张口"，娇气、任性，遇到一点困难，他们首先想到的就是找人帮忙或者直接放弃，因此，在活动过程中幼儿能不能克服困难、挑战难度坚持完成任务，对他们今后的学习和生活有着很重要的影响。教师要关注幼儿这方面品质的形成，也要在活动中对幼儿的这方面进行详细的评价，以促进幼儿的发展。④想象与创造是人类进步的原动力，每个幼儿都是天才的想象家，他们有着无数的奇思妙想，但当他们的想象没有得到成人的认可或被成人否定时，他们就失去了想象的热情直到想象的源泉枯竭。在开展评价时，教师要重视幼儿的想象力与创造力方面的评价，及时鼓励幼儿的大胆想象与创作，保护他们天真可爱的童心。

小、中、大班幼儿社会区活动评析表如下（见表4-5、表4-6、表4-7）。

第四章 社会区活动评价

表 4-5 小班幼儿社会区活动评析表

幼儿姓名：　　　　　　性别：男　女　　　所在班级：小 ____ 班
所在区域：　　　　　　材料名称：　　　　　操作时间：
指导教师：　　　　　　评议者：　　　　　　日期：

项目 \ 要点	评价项目要点	评价分值	
		参考最高分值	评价实际分值
社会知识（30）	1. 通过探索能初步了解探索材料的内容	10	
	2. 在教师引导下能运用以往的社会性知识进行探索	10	
	3. 能在教师引导下均衡地了解社会区的内容	10	
活动技能（30）	1. 能在教师引导下正确而有序地完成材料操作	10	
	2. 能在教师帮助下挑战有操作难度的材料	10	
	3. 能在教师引导下逐步掌握小班社会区材料的操作技能	10	
学习品质（40）	1. 能主动或在教师引导下选择适宜的材料	10	
	2. 能在教师引导下有始有终地参与社会区活动	10	
	3. 遇到困难能在教师鼓励下坚持完成任务	10	
	4. 在教师引导下能想象并创造性地进行探索活动	10	
各分项目得分	社会知识	活动技能	学习品质	总分
综合评价等级水平	优秀（85—100分）	良好（75—84分）	合格（60—74分）	不合格（60分以下）
分析评价结果				
教育策略的调整与改进				

表 4-6　中班幼儿社会区活动评析表

幼儿姓名：　　　　　　性别：男 女　　　　所在班级：中 ____ 班
所在区域：　　　　　　材料名称：　　　　　操作时间：
指导教师：　　　　　　评议者：　　　　　　日期：

要点项目	评价项目要点	评价分值	
		参考最高分值	评价实际分值
社会知识（30）	1. 能独立探索并了解所操作材料的内容	10	
	2. 能运用以往的社会性知识进行探索	10	
	3. 能比较均衡地了解社会区内材料所涵盖的内容	10	
活动技能（30）	1. 能有序地完成材料操作	10	
	2. 能挑战有操作难度的材料	10	
	3. 掌握中班社会区材料的操作技能	10	
学习品质（40）	1. 能自主选择适宜的操作材料	10	
	2. 能有始有终地参与社会区活动	10	
	3. 遇到困难能坚持完成任务	10	
	4. 能开展想象并创造性地进行探索活动	10	
各分项目得分	社会知识	活动技能	学习品质	总分
综合评价等级水平	优秀（85—100分）	良好（75—84分）	合格（60—74分）	不合格（60分以下）
分析评价结果				
教育策略的调整与改进				

表 4-7　大班幼儿社会区活动评析表

幼儿姓名：　　　　　　　性别：男　女　　　　所在班级：大 ____ 班
所在区域：　　　　　　　材料名称：　　　　　　操作时间：
指导教师：　　　　　　　评议者：　　　　　　　日期：

项目 \ 要点	评价项目要点	参考最高分值	评价实际分值
社会知识（30）	1. 能理解并内化探索材料的内容	10	
	2. 能运用以往的社会性知识与经验大胆开展探索	10	
	3. 能有目的地全面了解社会区的内容	10	
活动技能（30）	1. 能正确、有序且快速地完成材料操作	10	
	2. 能主动挑战有操作难度的材料	10	
	3. 掌握大班社会区材料的操作技能，且能主动提出新要求	10	
学习品质（40）	1. 能合理地选择材料并有计划、有目的地进行活动	10	
	2. 能有始有终地参与社会区活动且专注认真	10	
	3. 遇到困难能想办法克服并坚持完成任务	10	
	4. 能大胆想象并创造性地进行探索活动	10	
各分项目得分	社会知识　　　活动技能　　　学习品质　　　总分		
综合评价	优秀（85—100分）　良好（75—84分）　合格（60—74分）　不合格（60分以下）		
等级水平			
分析评价结果			
教育策略的调整与改进			

二、基于小、中、大班幼儿评价内容的分析

我们从小、中、大班各年龄段社会区活动评价中有关幼儿方面的评价可以发现，无论是哪个年龄阶段，在评价幼儿的发展时，都是从社会知识、活动技能以及学习品质这三个方面开展的。虽然评价表上这三个大的维度是相同的，但每个维度中根据幼儿的年龄和发展差异，在具体的指标上，教师会针对不同的年龄段提出不一样的评定标准。如：在"学习品质"这一维度中，针对幼儿"主动性"这一品质的描述，小班是"能主动或在教师引导下选择适宜的材料"，中班是"能自主选择适宜的操作材料"，而大班则是"能合理地选择材料并有计划、有目的地进行活动"。从这三个层次的描述我们可以看出，针对不同年龄的幼儿有不一样的评价标准，随着幼儿的年龄增长，评价标准也在提高。小班幼儿能主动选择材料，我们就可以判断他在学习品质中的主动性这一方面是高层次水平。而到了大班后，如果幼儿只能主动选择材料，而选择材料的计划性、目的性有所不足，那么在幼儿学习品质中的主动性方面，教师还需要引导他们进一步完善并加强。下面，我们将展示一份完整的中班幼儿社会区活动评析表（见表4-8），供大家参考。

第四章 社会区活动评价

表4-8 中班严叮社会区活动评析表

幼儿姓名：严叮　　　　　性　别：男 女√　　　　所在班级：中__三__班
所在区域：社会区　　　　材料名称：值日生　　　　操作时间：20分钟
指导教师：张老师　　　　评议者：张老师　　　　　日期：2017年10月13日

要点项目	评价项目要点	评价分值 参考最高分值	评价实际分值
社会知识（30）	1.能独立探索并了解所操作材料的内容	10	10
	2.能运用以往的社会性知识进行探索	10	10
	3.能比较均衡地了解社会区内材料所涵盖的内容	10	9
活动技能（30）	1.能有序地完成材料操作	10	10
	2.能挑战有操作难度的材料	10	10
	3.掌握中班社会区材料的操作技能	10	10
学习品质（40）	1.能自主选择适宜的操作材料	10	10
	2.能有始有终地参与社会区活动	10	10
	3.遇到困难能坚持完成任务	10	10
	4.能开展想象并创造性地进行探索活动	10	10
各分项目得分	社会知识　　活动技能　　学习品质　　总分　　29　　　　　30　　　　　40　　　　　99		
综合评价	优秀（85—100分）　良好（75—84分）　合格（60—74分）　不合格（60分以下）		
等级水平	√		
分析评价结果	严叮小朋友选择了社会区"值日生"的操作材料，这份材料的活动目标是使幼儿"萌发为集体、为同伴服务的美好愿望，了解值日生的具体工作，增强自我服务和服务他人的能力"。中班幼儿的自我服务能力在小班的基础上得到了较大的提高，他们有了愿意为他人服务的愿望，在日常生活中，班级都有"小小值日生"的职位，每个值日生都有不一样的职责。基于生活中的真实活动而投放的值日生操作材料，		

续表

项目 \ 要点	评价项目要点	评价分值	
		参考最高分值	评价实际分值
分析评价结果	既是幼儿真实幼儿园生活的写照，又是帮助幼儿进一步疏理并明确值日生职责，为他们在真实生活中承担职责做好准备。严叮小朋友本学期已在日常活动中担任过几次值日生，且每次所选的职责各不相同，因此，在选择这份材料后，她会主动先将材料进行整体观察，并在观察的基础上先将不同的值日生称呼找出来，然后分析所有工作内容，并根据自己以往在活动中的经验，对不同值日生的具体工作职责进行归类，并根据材料提供的呈现方式有序操作。幼儿在活动中表现出了良好的学习品质，如有序性地操作、经验的迁移等。后期在社会领域整体发展方面，教师将引导她尽可能均衡地发展。		
教育策略的调整与改进	选择这份材料的严叮小朋友是班级中社会性发展比较好的幼儿，她的学习能力也略好于班级同伴，因此，在操作这一材料的过程中，她非常轻松自如，这一材料的操作难度对她来说并没有太大的挑战性。基于此，后期将丰富这一材料的内容，将目前的三种值日生职责逐步增加为一日生活中所有的职责，让班级幼儿真正通过操作材料了解每一职位的值日生的具体工作内容，以材料促进良好日常生活的开展，而日常生活又帮助幼儿完成材料内容的真实体验，最终实现材料与日常生活的对话。		

参考文献

［1］霍力岩，等. 幼儿园课程开发与教师专业发展——比较研究的视角［M］. 北京：教育科学出版社，2006.

［2］王微丽，霍力岩. 支架儿童的主动学习——经历 经验 经典［M］. 北京：北京师范大学出版社，2016.

［3］王微丽. 幼儿园区域活动——环境创设与活动设计方法［M］. 北京：中国轻工业出版社，2014.

后 记

  自 2000 年起，深圳市莲花二村幼儿园与北京师范大学霍力岩教授合作，开始探索区域活动在中国发展的新思路和新模式。在课程开发初期，我们积极学习并借鉴了蒙台梭利教育法（Montessori Method）中的区域材料设计和布置方法，在推进过程中，我们不断接触到新的幼儿教育理论和课程模式，如多元智能理论（Multiple Intelligences Theory）和高宽课程（High Scope Curriculum）等，促使我们对原有的区域活动课程及材料设计进一步创新。同时，我们以国家颁布的《幼儿园教育指导纲要（试行）》和《3—6 岁儿童学习与发展指南》作为主要参考文献，从中解构梳理出系统的课程目标体系，从而指导区域材料的设计、完善与本土化。通过长达十多年的反复摸索，我们不断进行调整、提升、融合，最终建构出了一套卓越的、适合中国的幼儿个别化区域学习课程。

  在霍力岩教授的带领下，深圳市莲花二村幼儿园已经陆续出版了《幼儿园多元智能做中学综合主题课程（教师用书）》《幼儿园区域活动——环境创设与活动设计方法》和《支架儿童的主动学习——经历 经验 经典》等课程资源。2014 年出版的专著《幼儿园区域活动——环境创设与活动设计方法》，已成为一线教师的重要参考工具书之一，市场反响非常热烈，不断有来园参访、交流、学习的专家、学者及同行提出，希望看到更为详细、更有实践指导价值的有关区域材料体系的书籍。基于对我园课程进行持续深入的总结之需，以及同行的强烈要求，我们对园内十几年积累的素材进行了整理、提升，这些区域材料精华就是本书中大量鲜活素材的原型。而本书集中展现的是区域课程材料体系之一的社会区材料体系，通过解读社会区、社会区材料案例、社会区中教师对幼儿的支持、社会区活动评价等四个方面，全面地呈现了幼儿园社会区材料制作与投放、活动中教师的指导策略，以及活动后的评价与反思。此书的出版能为一线教师在创设社会区环境、科学地开展社会区活动方面提供参考和借鉴，对幼儿园开展区域活动具有重要的指导作用。

在本书撰写的前期，王微丽、何红漫、刘隼对本书的框架进行了搭建；在建构框架的基础上何红漫、刘隼、邓丽霞完成了第一章、第三章、第四章文字的撰写；案例部分以邓丽霞为主要负责人进行统筹安排，其中陈丹妮、饶映灵各完成收集整理10份案例，邓丽霞、秦小萍各完成收集整理9份案例，聂晓慧完成收集整理8份案例，姜媛远完成收集整理1份案例，同时，还有幼儿园中文教师团队的参加与奉献。何红漫、刘隼对全书进行了修改与完善；最终由何红漫、刘隼两位教师共同完成定稿工作。

本书的撰写与出版凝聚了很多人的心血、关心与帮助，有北京师范大学霍力岩教授的亲临指导，有"万千教育"吴红主任的全程指引，有深圳市实验幼教集团有限公司林瑛熙、吕颖、黄立志、韩智等领导的理解与支持，有香港大学教育学院杨伟鹏博士对课程的梳理，有深圳市莲花二村幼儿园全体教职工的默默付出。他们无私的奉献使本书得以完成，在此一并表示感谢！在写作过程中，我们尽了最大的努力，但由于水平所限，本书必定存在这样那样的问题，恳请各位读者批评指正。

深圳市莲花二村幼儿园

何红漫　刘隼

2018年7月20日

万千教育 学前教育类书目

书号	书名	著、译者	定价(元)
	幼儿园区域活动指导		
3970	幼儿园区域活动——环境创设与活动设计方法（第二版）（全彩）	王微丽 主编	78.00
2598	幼儿园艺术区材料设计与评价（全彩）	王微丽 霍力岩 主编	60.00
2103	幼儿园社会区材料设计与评价（全彩）	王微丽 霍力岩 主编	60.00
1950	幼儿园科学区材料设计与评价（全彩）	王微丽 霍力岩 主编	60.00
1951	幼儿园生活区材料设计与评价（全彩）	王微丽 霍力岩 主编	60.00
1782	幼儿园数学区材料设计与评价（全彩）	王微丽 霍力岩 主编	60.00
1800	幼儿园语言区材料设计与评价（全彩）	王微丽 霍力岩 主编	60.00
3055	幼儿园自主性区域活动	邱学青 等 译	88.00
9149	小区域，大学问——幼儿园区域环境创设与活动指导	董旭花 等 著	30.00
9548	幼儿园创造性游戏区域活动指导（角色区·建构区·表演区）	董旭花 等 编著	32.00
9549	幼儿园自主性学习区域活动指导（生活操作区·美工区·益智区·科学区）	董旭花 等 编著	35.00
0156	幼儿园区域活动现场指导艺术——透视38个区域故事	董旭花 等 著	38.00
9134	如何有效实施幼儿园主题性区域活动	秦元东 等 著	24.00

7937	幼儿园科学区（室）科学探索活动指导117例	董旭花 主编	28.00
幼儿园区域活动指导系列合计			713.00
幼儿园户外游戏与学习			
4105	幼儿园户外与自然游戏	陈 欢 译	98.00
4072	幼儿园户外游戏——支持儿童在探索与挑战中学习	张 晖 译	48.00
3945	幼儿园户外游戏环境创设（全彩）	侯莉敏 等 译	48.00
3653	与儿童一起探索自然——幼儿园自然课程故事（全彩）	陶 莹 译	74.00
2645	幼儿园户外创造性游戏与学习（全彩）	陈 欢 译	58.00
2644	幼儿园户外探索与学习（全彩）	邹海瑞 廖宁燕 等 译	48.00
1935	幼儿园户外环境创设与活动指导（全彩）	董旭花 等 著	72.00
幼儿园户外游戏与学习系列合计			446.00
幼儿园环境创设			
2311	幼儿园探究性环境创设——让孩子成为热情主动的学习者（四色）	康 丹 等 译	98.00
2604	儿童视角的幼儿园班级环境创设（全彩）	马 燕 马希武 译	62.00
幼儿园环境创设系列合计			160.00
幼儿园游戏指导			
4075	自由游戏和引导性游戏——促进幼儿学习的两种策略	吴 航 译	42.00
3879	读懂儿童的思维——支持自主游戏中的图式探索（全彩）	张 晖 译	58.00

3508	观察婴幼儿的游戏图式 ——支持和拓展儿童的学习（全彩）	张　晖　译	52.00
3302	自主游戏——成就幼儿快乐而有意义的童年（全彩）	董旭花　等　著	88.00
3231	现在，我可以去玩了吗？ ——儿童、游戏和早期教育	陈　欢　译	42.00
3097	儿童发起的游戏和学习	叶小红　译	58.00
2547	认识婴幼儿的游戏图式 ——图式背后的秘密（全彩）	张　晖　等　译	48.00
1305	以游戏为中心的幼儿园课程（第六版）	史明洁　等　译	82.00
1261	幼儿教育课程 ——一种创造性游戏模式（第四版）	李敏谊　等　译	82.00
0758	幼儿园自主游戏观察与记录 ——从游戏故事中发现儿童（全彩）	董旭花　等　著	58.00
1563	幼儿园创造性游戏 ——环境创设与活动指导	王连江　译	32.00
1797	幼儿园游戏指导方法与实例 ——游戏自主性的视角	秦元东　等　著	45.00
0676	幼儿园室内外建构游戏指导	邵爱红　主编	36.00
幼儿园游戏指导系列合计			**723.00**
幼儿园五大领域教育教学			
4073	小小建筑师——幼儿建构游戏中的STEM学习（全彩）	陈　辉　译	46.00
4006	小小科学家 ——有趣的幼儿园科学探索活动	张　俊　等　译	62.00
3885	小小艺术家 ——学前儿童美术探索活动（全彩）	于开莲　译	78.00
3443	培养小小科学家 ——幼儿科学教育中的建构主义教学法	蔡　菡　译	58.00
3689	当数学成为儿童的游戏 ——在玩中学数学（全彩）	刘小娟　译	52.00

3851	幼儿园综合主题活动——设计技巧与优秀案例（第二版）	周立莉 赵旭莹 主编	66.00
3724	做做玩玩学科学——幼儿园科学探究性游戏	董旭花 等 著	72.00
3725	让幼儿都爱学习——幼儿园高质量学习活动设计与组织	胥兴春 等 译	52.00
3478	儿童故事创作——探究、想象与意义建构	程绍仁 译	68.00
0760	幼儿园备课·说课·听课·评课	俞春晓 等 著	42.00
9499	幼儿教师必须修炼的10项教学技能	俞春晓 著	25.00
9454	幼儿园教学诊断技巧与对策58例	王春燕 等 著	38.00
9323	幼儿园美术活动创意设计（全彩）	罗梅 赵福云 主编	56.00
0180	给幼儿教师和家长的81条美术教育建议（全彩）	李力加 著	62.00
9150	幼儿园节日活动精彩设计方案	刘洪霞 主编	35.00
0157	幼儿园优秀语言活动设计70例	郭咏梅 主编	26.00
0453	幼儿园优秀体育活动设计99例	朱清 侯金萍 主编	45.00
9892	幼儿园优秀美术活动设计99例（全彩）	陈学群 余晖 主编	58.00
9591	幼儿园优秀健康活动设计80例	范惠静 主编	38.00
9439	幼儿园优秀社会活动设计65例	伍香平 主编	25.00
9385	幼儿园优秀科学活动设计88例	董旭花主编	35.00

……

欲了解更多图书信息，请登录：www.wqedu.com
联系地址：北京市西城区三里河路6号院2号楼213室   万千教育
咨询电话：010-65181109，65262933

*本目录定价如有错误或变动，以实际出书为准。